QuizKnock

WHAT

High School Quiz Battle 2023

公式問題集

CONTENTS

大会概要 003

はじめに 004

1st stage
007

Column1 今回の動画作りで意識したこと 022

2nd stage
023

Column2 解説をして感じたこと 038

Semifinal stage
039

Column3 2nd day 東京会場の空気感 118

Final stage
119

Column4 編集担当として意識したこと、編集してみて 156

Bonus stage
157

QuizKnock とは

クイズノック

東大クイズ王・伊沢拓司が中心となって運営する、エンタメと知を融合させたメディア。「楽しいから始まる学び」をコンセプトに、何かを「知る」きっかけとなるような記事や動画を毎日発信中。YouTubeチャンネル登録者数は215万人を突破。（2024年1月現在）

 **とは**

君は世界を知る、世界はクイズを知る、クイズは君を知る。

「KODANSHA presents High School Quiz Battle WHAT 2023」は、全国の高校生以下を対象とするQuizKnock主催のクイズ大会です。今大会の参加者は1825名でした。本書では、この大会で実際に出題されたクイズを全て収録しています。

大会形式：個人戦

1st day （ 2023年4月23日に オンラインにて実施 ）

— 1st stage —
種目：50問4択クイズ
勝ち抜け人数：1825人→1000人

— 2nd stage —
種目：50問4択クイズ
勝ち抜け人数：1000人→150人

2nd day （ 2023年4月30日に サテライト会場にて実施 ）

— Semifinal stage —
種目：6時間耐久ボードクイズ　勝ち抜け人数：150人→10人

3rd day （ 2023年5月5日に東京 都内スタジオにて実施 ）

— Final stage —
種目：3ラウンド制早押しクイズ　優勝者1人

はじめに

　伊沢です。本書を手にとってくださりありがとうございます。

　本書は、QuizKnockが贈る高校生以下対象のクイズ大会『WHAT』の第2回大会について、使用された問題をまとめた書籍になります。

　何事も、2回目というのは難しいもので。目新しさでごまかせず、進化も求められる。もちろん、競技として満足のいく形は保たねばなりません。そうしたハードルに挑戦したことで、様々に新しい景色を見ることができたな、と私は思っています。

　まず、参加者の意識からして第1回とは違いました。念願の出場、去年より一歩上へ、プライドをかけたリベンジマッチ、優勝以外見えてない……1回目があったからこそ、いろんな挑戦者が各々のスタンスで大会に臨んでくれていたなと思っています。改めて、ありがとうございます。

　サテライト会場でのボードクイズなど、昨年から大幅に変えた部分も楽しかった要素です。運営に携わったメンバーが、参加者の一喜一憂を見て刺激を受けた、と口々に言っていました。

　そして、去年の経験を糧に、より一層良い大会づくりへと励んだスタッフの面々。去年からの変更点にはいずれも、楽しさと厳しさを追求するスタッフのこだわりを詰め込めたはずです。

　かくして無事に終了した第2回大会。優勝者すら敗退一歩手前まで追い込まれるなど、いずれ劣らぬ名勝負が繰り広げられました。熱い試合の様子は、もちろん映像としては世に出ていますが、そこでは取り上げきれなかった一問一問にもまた、戦いの記憶は宿っています。ぜひこの問題集を通してそれらを追体験し、もしくは記憶を呼び起こし、これまでとこれからの戦いに思いを馳せていただければ幸いです。

QuizKnock編集長

伊沢拓司

『KODANSHA Presents High School Quiz Battle WHAT 2023 公式問題集』を手にとっていただきありがとうございます。大会長の河村です。

　WHATというのはQuizKnock主催のクイズ大会で、この本はその2023年大会の公式問題集です。大会の映像はQuizKnockのYouTubeチャンネル上に公開されておりますので、ぜひ併せてご覧ください。

　2022年大会に続き、今回も問題を本の形でお届けできることを嬉しく思います。書籍というものは、現在や未来の読者のためのタイムカプセルです。大会当日に出題されて一瞬輝いたクイズが、これから長く愛されることを願っています。

　そしてクイズが役立つことを願っています。一問一問の中身である知識が生活に役に立つことがあるでしょう。さまざまなジャンルから出題されるクイズは、知識へのランダムなアクセスポイントになります。一問一問のクイズの文章は読み物として楽しいことでしょう。クイズは考えながら聞いたり見たりするものですから、表現には気を配っています。これは動画より本でゆっくり見る方がわかりやすいことです。

　そして、問題全体を見ると、大会が分かります。動画をご覧になった方は優勝者やその強さをもう知っているかもしれません。ぜひもう一歩踏み込んで、それはどのような強さで、どのような問題によって比べられたものだったか、探ってみてください。クイズは暗記に終始するものではありませんから。

　本書はこれからのクイズとクイズプレーヤーのためのものです。あなたを巻き込めると私は嬉しい。

WHAT 2023 大会長
河村拓哉

問題チーフを務めました森です。問題チーフというのは、大会で出題する問題をスタッフ陣から集め、それらを一つのまとまった形に落とし込む作業をする人のことです。難易度や題材の被りを調整したり、という説明が一旦はわかりやすいでしょうか。もう少し踏み込んで説明すると、クイズの全体的な温度感を統一するのが主な役目です。

　2022年大会のときには、「高校生に出すクイズだから」という理由で出題のレベルを下げたり、幅を狭めたりしないということを第一に意識していました。今回もそのことは踏襲したうえで、もう一つ、「単純な知識チェックに終始しない」ということを強く意識していました。クイズには間違いなく知識チェックの側面があり、それはクイズにおいてとても大事なことなのですが、それだけで十分ということはありません。一つ一つのクイズについて、こういうことを考えてほしい・こういう駆け引きをしてほしい、といった意図が込められることで、はじめてクイズという形式をとることの意味が生じると考えています。

　YouTubeにアップされている大会動画を、参加者のみなさんがクイズに解答したことの記録だと捉えるならば、この本はわたしたちがクイズを出題したことの記録だといえます。まずはぜひ、それぞれの問題に込められた出題の意図について考えながら一問一問に挑戦してください。そして、自分でクイズに挑戦したあとは、近くの人に出題してみてください。クイズに答える側と、クイズを出す側の両方からクイズを考えることで、この本とWHAT 2023という大会をより深く楽しむことができると思います。

WHAT 2023 問題チーフ　森 慎太郎

1st
stage

—— 種目 ——
50問4択クイズ

P8〜16にクイズが掲載されています。
P17から解答が掲載されています。

001. 現在、東京都にはいくつの区が存在する?

| **1** 21 | **2** 22 | **3** 23 | **4** 24 |

002. カエルやイモリといった生き物が属するのは「何類」?

| **1** 魚類 | **2** 両生類 | **3** 爬虫類 | **4** 哺乳類 |

003. スリランカの「ウバ」やインドの「ダージリン」といえば、何の産地として有名な地域?

| **1** カカオ | **2** コーヒー | **3** タバコ | **4** 紅茶 |

004. イーヨー、ティガー、ピグレットといった友達がいるキャラクターは?

| **1** ハローキティ | **2** ムーミン | **3** スヌーピー | **4** くまのプーさん |

005. 今年(2023年)のWBCで胴上げ投手となった、二刀流のメジャーリーガーは?

| **1** 今永昇太 | **2** 大谷翔平 | **3** 佐々木朗希 | **4** ダルビッシュ有 |

006. 苦しんでいる敵の助けとなる行動をとることを、戦国時代の上杉謙信と武田信玄の逸話から「敵に何を送る」という?

| **1** 馬 | **2** 酒 | **3** 塩 | **4** 鉄砲 |

007. 学校教育法で、日本における義務教育は何年間と定められている？

| **1** 6年間 | **2** 9年間 | **3** 12年間 | **4** 16年間 |

008. 漫画『ドラえもん』の第1話で、ドラえもんはのび太の部屋のどこから現れた？

| **1** 押し入れ | **2** 机の引き出し | **3** 本棚の裏 | **4** 窓 |

009. 昨年（2022年）のM-1グランプリで優勝を果たした、井口浩之と河本太からなるお笑いコンビは？

| **1** ウエストランド | **2** オズワルド | **3** 真空ジェシカ | **4** ロングコートダディ |

010. 幕末に活躍した坂本龍馬は何藩出身の人物？

| **1** 薩摩藩 | **2** 長州藩 | **3** 土佐藩 | **4** 肥前藩 |

011. 『813』や『奇岩城』などの作品に登場する、作家モーリス・ルブランが生んだ怪盗は？

| **1** オーギュスト・デュパン | **2** アルセーヌ・ルパン | **3** ジェームズ・モリアーティ | **4** エルキュール・ポアロ |

012. 九谷焼、輪島塗、加賀友禅といえば、どこの都道府県の伝統工芸品？

| **1** 石川県 | **2** 京都府 | **3** 広島県 | **4** 三重県 |

013. 日本において、日の出の時刻が一年で最も早い日は何月にある？

| **1** 3月 | **2** 6月 | **3** 9月 | **4** 12月 |

014. 有名な観光スポットの「真実の口」があるイタリアの都市は？

| **1** フィレンツェ | **2** ミラノ | **3** ローマ | **4** ヴェネツィア |

015. サイダーのシュワシュワのもととなっている物質は？

| **1** 酸素 | **2** 水素 | **3** 窒素 | **4** 二酸化炭素 |

016. 1964年の東京五輪で優勝した女子バレーボール日本代表。異名は「東洋の何」？

| **1** 悪魔 | **2** 天使 | **3** 魔女 | **4** 女神 |

017. エリーゼ、アルフォート、ルマンドなどのお菓子を販売する企業は？

| **1** グリコ | **2** 東ハト | **3** 不二家 | **4** ブルボン |

018. ゴミの分別の目印となるマーク。「?」の中に入る文字は?

| **1** アルミ | **2** 紙 | **3** スチール | **4** プラ |

019. 歴代アメリカ大統領で、第26代の「セオドア」と第32代の「フランクリン」に共通するファミリーネームは?

| **1** アダムズ | **2** ブッシュ | **3** ジョンソン | **4** ルーズベルト |

020. ベートーヴェンの『交響曲第9番』で、『歓喜の歌』が歌われるのは第何楽章?

| **1** 第1楽章 | **2** 第2楽章 | **3** 第3楽章 | **4** 第4楽章 |

021. 江戸幕府第5代将軍・徳川綱吉は十二支でいうと何年生まれ?

| **1** 丑年 | **2** 辰年 | **3** 未年 | **4** 戌年 |

022. スキージャンプで活躍する潤志郎、諭果、陵侑、龍尚の4人きょうだいの名字は?

| **1** 葛西 | **2** 小林 | **3** 佐藤 | **4** 平野 |

023. 現在（2023年）の日本で選挙権が与えられているのは、満何歳以上の人？

| **1** 16歳 | **2** 18歳 | **3** 20歳 | **4** 22歳 |

024. ポケモンで、じめんタイプのポケモンに効果がないのは何タイプのわざ？

| **1** でんき | **2** どく | **3** はがね | **4** ほのお |

025. スマートフォンのバッテリーの電極の材料となる、原子番号3番の元素は？

| **1** ヘリウム | **2** リチウム | **3** ホウ素 | **4** ナトリウム |

026. 演劇などで、幕が上がったときや照明がついたときに既に舞台上に役者がいることを何という？

| **1** 板付き | **2** 丘付き | **3** 台付き | **4** 平付き |

027. ルーアン大聖堂、積みわら、睡蓮などを題材に連作絵画を残したフランスの画家は？

| **1** ポール・セザンヌ | **2** ウジェーヌ・ドラクロワ | **3** ポール・ゴーギャン | **4** クロード・モネ |

028. 「てっさ」とは、何の魚の刺身のこと？

| **1** アジ | **2** タイ | **3** フグ | **4** ブリ |

---

029. バラエティ番組『相席食堂』で、MCの千鳥の2人の間に置かれるボタンは「何ボタン」？

1 最高じゃ!!ボタン	**2** クセがスゴい!!ボタン	**3** ちょっと待てい!!ボタン	**4** どういうお笑い!?ボタン

030. 相撲の世界で「床山」とよばれる人が専門的に担っているのはどんな仕事？

1 太鼓を叩く	**2** 土俵を整備する	**3** まげを結う	**4** まわしを洗う

031. 受付の窓口が、原則として15時に閉まってしまう場所は？

1 銀行	**2** 不動産屋	**3** 免許センター	**4** 郵便局

032. 美術の世界に身を投じる矢口八虎たちの姿を描く漫画は？

1 『アオイホノオ』	**2** 『BLUE GIANT』	**3** 『ブルーピリオド』	**4** 『ブルーロック』

033. 「破顔する」といえばどうすること？

1 怒る	**2** 驚く	**3** 泣く	**4** 笑う

034. 日本肥満学会の定義によると、「肥満」とはBMIがいくつ以上の状態を指す？

1 19	**2** 22	**3** 25	**4** 28

035. 「ハリー・ポッター」シリーズの主人公・ハリーが所属するホグワーツの寮は？

| **1** グリフィンドール | **2** ハッフルパフ | **3** レイブンクロー | **4** スリザリン |

036. 新聞の見出しなどで、テニスや卓球の「ダブルス」を表現する漢字1文字は？

| **1** 重 | **2** 双 | **3** 複 | **4** 連 |

037. 室町幕府の第3代将軍・足利義満が、京都の室町に造営した邸宅の通称は？

| **1** 花の御所 | **2** 鳥の御所 | **3** 風の御所 | **4** 月の御所 |

038. ろうで固めた鳥の羽で空を飛ぶも、太陽に近づきすぎたために墜落してしまう、ギリシア神話の登場人物は？

| **1** ヘラクレス | **2** イカロス | **3** ペルセウス | **4** テセウス |

039. エンディングでの「恋ダンス」も話題となった、新垣結衣と星野源が主演をつとめた2016年放送のドラマは？

| **1** 『アンナチュラル』 | **2** 『獣になれない私たち』 | **3** 『逃げるは恥だが役に立つ』 | **4** 『MIU404』 |

040. 人体で最も小さい骨は、体のどの部分にある？

| **1** 首 | **2** 鼻 | **3** 耳 | **4** 指 |

041. 仮面ライダー1号と仮面ライダー2号のモチーフになった昆虫は?

1 カブトムシ **2** セミ **3** トンボ **4** バッタ

042. フランスで最も発電量が多い発電方法は?

1 火力発電 **2** 原子力発電 **3** 水力発電 **4** 風力発電

043. 「戯言」シリーズ、「忘却探偵」シリーズ、「〈物語〉」シリーズといった代表作がある作家は?

1 有栖川有栖 **2** 西尾維新 **3** 麻耶雄嵩 **4** 米澤穂信

044. 飛行機の滑走路には画像のように数字が書かれています。これは何を意味している?

写真：Yutaka／PIXTA（ピクスタ）

1 傾斜 **2** 長さ **3** 方角 **4** 標高

045. 1997年、世界チャンピオンのガルリ・カスパロフを「ディープ・ブルー」というコンピューターが打ち破ったマインドスポーツは?

1 バックギャモン **2** チェス **3** オセロ **4** ポーカー

046. 第4代正統カリフのアリーと争ったムアーウィヤによって建てられた、初期のイスラーム世界を支配した王朝は？

| **1** アッバース朝 | **2** ウマイヤ朝 | **3** セルジューク朝 | **4** ファーティマ朝 |

047. 一般的なシングルペダルのドラムセットを演奏するとき、バスドラムを叩くために動かすのは？

| **1** 右手 | **2** 左手 | **3** 右足 | **4** 左足 |

048. ある波の、速さ、波長、振動数の関係として正しいのは？

| **1** 速さ＝波長×振動数 | **2** 速さ＝波長÷振動数 | **3** 速さ＝振動数÷波長 | **4** 速さ＝1÷（波長×振動数） |

049. 年の魚と書いて「年魚」、香る魚と書いて「香魚」ともよばれる魚は？

| **1** アユ | **2** タラ | **3** マス | **4** ワカサギ |

050. 『【その日】から読む本』というハンドブックが渡されるのはどんな人？

| **1** 国会議員 | **2** 宝くじの高額当選者 | **3** 妊婦 | **4** 余命宣告を受けた人 |

赤字で表記されているものが答えです。

001. 現在、東京都にはいくつの区が存在する？

| **1** 21 | **2** 22 | **3** 23 | **4** 24 |

002. カエルやイモリといった生き物が属するのは「何類」？

| **1** 魚類 | **2** 両生類 | **3** 爬虫類 | **4** 哺乳類 |

003. スリランカの「ウバ」やインドの「ダージリン」といえば、何の産地として有名な地域？

| **1** カカオ | **2** コーヒー | **3** タバコ | **4** 紅茶 |

004. イーヨー、ティガー、ピグレットといった友達がいるキャラクターは？

| **1** ハローキティ | **2** ムーミン | **3** スヌーピー | **4** くまのプーさん |

005. 今年（2023年）のWBCで胴上げ投手となった、二刀流のメジャーリーガーは？

| **1** 今永昇太 | **2** 大谷翔平 | **3** 佐々木朗希 | **4** ダルビッシュ有 |

006. 苦しんでいる敵の助けとなる行動をとることを、戦国時代の上杉謙信と武田信玄の逸話から「敵に何を送る」という？

| **1** 馬 | **2** 酒 | **3** 塩 | **4** 鉄砲 |

007. 学校教育法で、日本における義務教育は何年間と定められている？

| **1** 6年間 | **2** 9年間 | **3** 12年間 | **4** 16年間 |

008. 漫画『ドラえもん』の第1話で、ドラえもんはのび太の部屋のどこから現れた？

| **1** 押し入れ | **2** 机の引き出し | **3** 本棚の裏 | **4** 窓 |

009. 昨年（2022年）のM-1グランプリで優勝を果たした、井口浩之と河本太からなるお笑いコンビは？

| **1** ウエストランド | **2** オズワルド | **3** 真空ジェシカ | **4** ロングコートダディ |

010. 幕末に活躍した坂本龍馬は何藩出身の人物？

| **1** 薩摩藩 | **2** 長州藩 | **3** 土佐藩 | **4** 肥前藩 |

011. 『813』や『奇岩城』などの作品に登場する、作家モーリス・ルブランが生んだ怪盗は？

1 オーギュスト・デュパン	2 アルセーヌ・ルパン	3 ジェームズ・モリアーティ	4 エルキュール・ポアロ

012. 九谷焼、輪島塗、加賀友禅といえば、どこの都道府県の伝統工芸品？

1 石川県	2 京都府	3 広島県	4 三重県

013. 日本において、日の出の時刻が一年で最も早い日は何月にある？

1 3月	2 6月	3 9月	4 12月

014. 有名な観光スポットの「真実の口」があるイタリアの都市は？

1 フィレンツェ	2 ミラノ	3 ローマ	4 ヴェネツィア

015. サイダーのシュワシュワのもととなっている物質は？

1 酸素	2 水素	3 窒素	4 二酸化炭素

016. 1964年の東京五輪で優勝した女子バレーボール日本代表。異名は「東洋の何」？

1 悪魔	2 天使	3 魔女	4 女神

017. エリーゼ、アルフォート、ルマンドなどのお菓子を販売する企業は？

1 グリコ	2 東ハト	3 不二家	4 ブルボン

018. ゴミの分別の目印となるマーク。「？」の中に入る文字は？

1 アルミ	2 紙	3 スチール	4 プラ

019. 歴代アメリカ大統領で、第26代の「セオドア」と第32代の「フランクリン」に共通するファミリーネームは？

1 アダムズ	2 ブッシュ	3 ジョンソン	4 ルーズベルト

020. ベートーヴェンの『交響曲第9番』で、『歓喜の歌』が歌われるのは第何楽章？

1 第1楽章	2 第2楽章	3 第3楽章	4 第4楽章

021. 江戸幕府第5代将軍・徳川綱吉は十二支でいうと何年生まれ？

1 丑年	2 辰年	3 未年	4 戌年

022. スキージャンプで活躍する潤志郎、諭果、陵侑、龍尚の4人きょうだいの名字は？

1 葛西	2 小林	3 佐藤	4 平野

023. 現在（2023年）の日本で選挙権が与えられているのは、満何歳以上の人？

1 16歳	2 18歳	3 20歳	4 22歳

024. ポケモンで、じめんタイプのポケモンに効果がないのは何タイプのわざ？

1 でんき	2 どく	3 はがね	4 ほのお

025. スマートフォンのバッテリーの電極の材料となる、原子番号3番の元素は？

1 ヘリウム	2 リチウム	3 ホウ素	4 ナトリウム

026. 演劇などで、幕が上がったときや照明がついたときに既に舞台上に役者がいることを何という？

1 板付き	2 丘付き	3 台付き	4 平付き

027. ルーアン大聖堂、積みわら、睡蓮などを題材に連作絵画を残したフランスの画家は？

1 ポール・セザンヌ	2 ウジェーヌ・ドラクロワ	3 ポール・ゴーギャン	4 クロード・モネ

028.「てっさ」とは、何の魚の刺身のこと？

1 アジ	2 タイ	3 フグ	4 ブリ

029. バラエティ番組『相席食堂』で、MCの千鳥の2人の間に置かれるボタンは「何ボタン」？

1 最高じゃ!!ボタン	2 クセがスゴい!!ボタン	3 ちょっと待てい!!ボタン	4 どういうお笑い!?ボタン

030. 相撲の世界で「床山」とよばれる人が専門的に担っているのはどんな仕事？

1 太鼓を叩く	2 土俵を整備する	3 まげを結う	4 まわしを洗う

031. 受付の窓口が、原則として15時に閉まってしまう場所は？

1 銀行	2 不動産屋	3 免許センター	4 郵便局

032. 美術の世界に身を投じる矢口八虎たちの姿を描く漫画は？

1 『アオイホノオ』	2 『BLUE GIANT』	3 『ブルーピリオド』	4 『ブルーロック』

033. 「破顔する」といえばどうすること？

1 怒る	2 驚く	3 泣く	4 笑う

034. 日本肥満学会の定義によると、「肥満」とはBMIがいくつ以上の状態を指す？

1 19	2 22	3 25	4 28

035. 「ハリー・ポッター」シリーズの主人公・ハリーが所属するホグワーツの寮は？

1 グリフィンドール	2 ハッフルパフ	3 レイブンクロー	4 スリザリン

036. 新聞の見出しなどで、テニスや卓球の「ダブルス」を表現する漢字1文字は？

1 重	2 双	3 複	4 連

037. 室町幕府の第3代将軍・足利義満が、京都の室町に造営した邸宅の通称は？

1 花の御所	2 鳥の御所	3 風の御所	4 月の御所

038. ろうで固めた鳥の羽で空を飛ぶも、太陽に近づきすぎたために墜落してしまう、ギリシア神話の登場人物は？

1 ヘラクレス	2 イカロス	3 ペルセウス	4 テセウス

039. エンディングでの「恋ダンス」も話題となった、新垣結衣と星野源が主演をつとめた2016年放送のドラマは？

1 『アンナチュラル』	2 『獣になれない私たち』	3 『逃げるは恥だが役に立つ』	4 『MIU404』

040. 人体で最も小さい骨は、体のどの部分にある？

1 首	2 鼻	3 耳	4 指

041. 仮面ライダー1号と仮面ライダー2号のモチーフになった昆虫は？

1 カブトムシ	**2** セミ	**3** トンボ	**4** バッタ

042. フランスで最も発電量が多い発電方法は？

1 火力発電	**2** 原子力発電	**3** 水力発電	**4** 風力発電

043. 「戯言」シリーズ、「忘却探偵」シリーズ、「〈物語〉」シリーズといった代表作がある作家は？

1 有栖川有栖	**2** 西尾維新	**3** 麻耶雄嵩	**4** 米澤穂信

044. 飛行機の滑走路には画像のように数字が書かれています。これは何を意味している？

1 傾斜	**2** 長さ	**3** 方角	**4** 標高

045. 1997年、世界チャンピオンのガルリ・カスパロフを「ディープ・ブルー」というコンピューターが打ち破ったマインドスポーツは？

1 バックギャモン	**2** チェス	**3** オセロ	**4** ポーカー

046. 第4代正統カリフのアリーと争ったムアーウィヤによって建てられた、初期のイスラーム世界を支配した王朝は？

1 アッバース朝	**2** ウマイヤ朝	**3** セルジューク朝	**4** ファーティマ朝

047. 一般的なシングルペダルのドラムセットを演奏するとき、バスドラムを叩くために動かすのは？

1 右手	**2** 左手	**3** 右足	**4** 左足

048. ある波の、速さ、波長、振動数の関係として正しいのは？

1 速さ＝波長×振動数	**2** 速さ＝波長÷振動数	**3** 速さ＝振動数÷波長	**4** 速さ＝1÷（波長×振動数）

049. 年の魚と書いて「年魚」、香る魚と書いて「香魚」ともよばれる魚は？

1 アユ	**2** タラ	**3** マス	**4** ワカサギ

050. 『【その日】から読む本』というハンドブックが渡されるのはどんな人？

1 国会議員	**2** 宝くじの高額当選者	**3** 妊婦	**4** 余命宣告を受けた人

今回の動画作りで意識したこと

ふくらP

こんにちは、ふくらPです。昨年に引き続き、動画作りという視点を持った人間として大会の運営に携わらせてもらいました。

今回は前回以上に熱が伝わるように工夫しました。もしかすると参加者も、手探りで参加していた前回以上に動画を見た上で臨む今回の方が熱がこもっていたかもしれません。その熱を上手に届けたかったのです。

今回はSemifinalの段階から会場に集まる形式だったのでその空気を見せることへはこだわりました。カメラが多いので実際に編集する宮原は大変だったと思うけど、修正の戻しがすごく早いので助かりました。特にガッツポーズのシーンは高校生の青春を感じられてとってもいいシーンだなと思っています。

あとは初めて行った工夫として、番組用の収録があります。実は前回は番組用の収録は一切なく、大会を進行している間にただただカメラを回し、それを後で繋ぎ合わせて動画にするという作りだったのです。今回はそうではありません。3rd Dayの最初に番組のオープニングを撮影したのです。そして、振り返りという形にすることで、参加者の記録の整理などがしやすくなりました。前回はうまく繋ぐためにナレーションをつける必要があり、序盤にしか登場しないのが少し一貫性がないなと思っていたので、それが削れたことによるスッキリ感もあります。

もちろんあくまでもメインは大会。でもその中でなるべく面白く分かりやすく見せたい。このように工夫を少しずつ繰り返して、より見やすいエンタメとしてのクイズの可能性も模索していけたらと思っています。

2nd
stage

∨

―― 種目 ――
50問4択クイズ

P24〜32にクイズが掲載されています。
P33から解答が掲載されています。

051. イギリスの科学者に名を由来する、エネルギーや仕事を表すSI組立単位は？

| **1** ジュール | **2** パスカル | **3** トムソン | **4** ワット |

052. 顔の目じりにできる小ジワのことを「何の足跡」という？

| **1** カラス | **2** 小人 | **3** トカゲ | **4** もみじ |

053. トマトやスイカの生産量で日本一となっている県は？

| **1** 茨城県 | **2** 熊本県 | **3** 高知県 | **4** 宮崎県 |

054. 「侃侃諤諤」。何と読む？

| **1** かんかん がくがく | **2** かんかん ごうごう | **3** けんけん がくがく | **4** けんけん ごうごう |

055. 「ノーベル賞」に名を残すアルフレッド・ノーベルが生まれた国は？

| **1** オーストリア | **2** ノルウェー | **3** スイス | **4** スウェーデン |

056. 落語『芝浜』の序盤で、酒びたりの魚屋が浜で拾うものは？

| **1** 刀 | **2** 財布 | **3** 扇子 | **4** 釣竿 |

057. コンピュータを用いて1976年に証明された、地図の塗り分けに関する数学の問題は？

1 三色問題	**2** 四色問題	**3** 五色問題	**4** 六色問題

058. 男の子と女の子の2つの心をもつサファイヤを主人公とする少女漫画は？

1 『ガラスの仮面』	**2** 『ベルサイユのばら』	**3** 『ポーの一族』	**4** 『リボンの騎士』

059. お正月の遊びで使う花札は、一組何枚？

1 46枚	**2** 48枚	**3** 50枚	**4** 52枚

060. 柔道で、初段の人が締める帯の色は？

1 赤	**2** 黒	**3** 白	**4** 茶

061. 李白の『静夜思』や孟浩然の『春暁』は、いずれも何文字からなる漢詩？

1 20文字	**2** 28文字	**3** 40文字	**4** 56文字

062. 「ヤワなハートがしびれる ここちよい針のシゲキ」という歌い出しの、PUFFYのヒット曲は？

1 『愛のしるし』	**2** 『アジアの純真』	**3** 『これが私の生きる道』	**4** 『渚にまつわるエトセトラ』

063. 1902年、イギリスが「光栄ある孤立」を放棄して同盟を結んだ国は？

| 1 アメリカ | 2 日本 | 3 プロイセン | 4 ロシア |

064. 小説家の万城目学や森見登美彦の出身大学は？

| 1 九州大学 | 2 京都大学 | 3 東京大学 | 4 東北大学 |

065. 300円ショップの「THREEPPY」や、高級路線の「Standard Products」といえば、何というお店の系列店？

| 1 DAISO | 2 ドン・キホーテ | 3 ニトリ | 4 無印良品 |

066. 「鉄血のオルフェンズ」や「水星の魔女」といえば、何というアニメシリーズの近年の作品？

| 1 「エヴァンゲリオン」シリーズ | 2 「ガンダム」シリーズ | 3 「コードギアス」シリーズ | 4 「マクロス」シリーズ |

067. 半導体の中でも、余分な電子の移動によって電流が流れるものを「何型半導体」という？

| 1 m型半導体 | 2 n型半導体 | 3 o型半導体 | 4 p型半導体 |

068. 美しい山容で知られ、「蝦夷富士」の異名をもつ、北海道の南西部にある山は？

| 1 旭岳 | 2 羊蹄山 | 3 羅臼岳 | 4 利尻山 |

069. 20歳以上の8人に1人が患っているといわれる「CKD」は、体内のどの臓器の病気？

| **1** 胃 | **2** 肝臓 | **3** 心臓 | **4** 腎臓 |

070. 昨年（2022年）10月に記録された、32年ぶりの円安水準はおよそ1ドル何円？

| **1** 70円 | **2** 110円 | **3** 150円 | **4** 190円 |

071. 室町時代の正信に始まり、元信・永徳といった子孫によって発展した日本画の一大流派は？

| **1** 尾形派 | **2** 狩野派 | **3** 長谷川派 | **4** 円山派 |

072. サッカーで、ピッチのサイドでボールを持った選手が、内側にドリブルで侵入していくプレーを何という？

| **1** カットイン | **2** クロスイン | **3** ドライブイン | **4** フィードイン |

073. 代表作に『華麗なるギャツビー』がある、ロストジェネレーションを代表するアメリカの作家は？

| **1** レイモンド・チャンドラー | **2** スコット・フィッツジェラルド | **3** アーネスト・ヘミングウェイ | **4** J・D・サリンジャー |

074. 昨年（2022年）の合計特殊出生率は0.78を記録するなど、深刻な少子化に悩まされているアジアの国は？

| **1** 日本 | **2** 韓国 | **3** シンガポール | **4** タイ |

075. JAXAが運用中の「あかつき」は、何という天体を調査する探査機？

| **1** 金星 | **2** 水星 | **3** 太陽 | **4** 月 |

076. 『ケイコ 目を澄ませて』や『愛がなんだ』といった映画で主演をつとめた俳優は？

| **1** 伊藤沙莉 | **2** 岸井ゆきの | **3** 清原果耶 | **4** 松本穂香 |

077. 様々な教育機関がオンラインで公開している講座を誰でも無料で受講できるプラットフォームは？

| **1** MOOC | **2** MOOD | **3** MOON | **4** MOOS |

078. 文武天皇の夫人となった宮子と、聖武天皇の皇后となった光明子を娘にもった、奈良時代の公卿は？

| **1** 藤原鎌足 | **2** 藤原不比等 | **3** 藤原道長 | **4** 藤原良房 |

079. 「avex ROYALBRATS」や「KOSÉ 8ROCKS」といったチームが活躍するリーグは？

| **1** B.LEAGUE | **2** D.LEAGUE | **3** M.LEAGUE | **4** T.LEAGUE |

080. 1896年に行われたアテネ五輪の競泳競技・自由形で、参加者の多くがとっていた泳法は？

| **1** クロール | **2** 背泳ぎ | **3** バタフライ | **4** 平泳ぎ |

081. レザーの種類で、「ハラコ」「カーフ」「キップ」「ステアハイド」といえば何の動物の革？

| **1** ウシ | **2** ウマ | **3** ヤギ | **4** ワニ |

082. 会社員の津田由雄（つだよしお）を主人公とする夏目漱石の小説は？

| **1** 『虞美人草』 | **2** 『それから』 | **3** 『明暗』 | **4** 『門』 |

083. 下に置いたものの像が上面に浮き上がって見える、この鉱石を何という？

| **1** カメラ石 | **2** テレビ石 | **3** メガネ石 | **4** レンズ石 |

084. スウェーデン生まれのブランド「moz」の製品によくデザインされているキャラクターは、どんな動物がモチーフ？

| **1** グリズリー | **2** ハリネズミ | **3** ヘラジカ | **4** ホッキョクグマ |

085. 秦が滅亡するきっかけとなった、中国史上初めての農民反乱は？

| **1** 安史の乱 | **2** 黄巾の乱 | **3** 紅巾の乱 | **4** 陳勝・呉広の乱 |

086. カラコンブランドの「TOPARDS」や、コスメブランドの「Ririmew」をプロデュースする人物は？

| **1** 指原莉乃 | **2** 白石麻衣 | **3** 西野七瀬 | **4** 宮脇咲良 |

087. 南北を結ぶ「ザ・ガン」や東西を結ぶ「インディアン・パシフィック」といった鉄道が走る国は？

| **1** オーストラリア | **2** ブラジル | **3** インド | **4** 南アフリカ |

088. 太古の地球に生息したプテラノドンやイグアノドン。名前につけられた「ドン」とは、何という意味の言葉？

| **1** 尾 | **2** 爪 | **3** 歯 | **4** 羽 |

089. 2021年から、社会民主党、緑の党、自由民主党の3党による連立政権が組まれている国はどこ？

| **1** ドイツ | **2** エジプト | **3** フランス | **4** トルコ |

090. ジャズの世界で活躍する小曽根真や上原ひろみといえば、どんな楽器の演奏家？

| **1** ベース | **2** トランペット | **3** ピアノ | **4** サックス |

091. 世界の国の首都のうち、最も赤道に近いのは？

| **1** アクラ | **2** キト | **3** ジャカルタ | **4** ナイロビ |

092. IT企業の「Amazon」は、もともとどんなものを取り扱う通販サイトとして創業された？

| 1 食料品 | 2 パソコン | 3 文房具 | 4 本 |

093. 漢字1文字で「尼」と表記される国は？

| 1 アルゼンチン | 2 インドネシア | 3 メキシコ | 4 サウジアラビア |

094. 今年（2023年）4つの賞を獲得し、グラミー賞の累計受賞回数ランキングで歴代1位となったミュージシャンは？

| 1 アデル | 2 ビヨンセ | 3 レディー・ガガ | 4 テイラー・スウィフト |

095. 芥川賞と直木賞の受賞者に正賞として贈られるものは？

| 1 オルゴール | 2 懐中時計 | 3 パイプ | 4 万年筆 |

096. 次のうち、中央競馬のGⅠレースが開催されない時期は？

| 1 1月〜2月 | 2 4月〜5月 | 3 7月〜8月 | 4 10月〜11月 |

097. 英語の表現「better half」とは自分から見てどんな関係にある人を指す？

| 1 親 | 2 子 | 3 配偶者 | 4 双子の兄弟 |

098. 乾燥パスタをゆでずにフライパンに入れ焦げ目をつける作り方が特徴の、最近流行りのパスタは「どんな人のパスタ」？

| **1** 暗殺者 | **2** 火星人 | **3** 発明家 | **4** 弁護士 |

099. SNS上でBTSへの愛を表現するために用いられる絵文字は？

| **1** 緑のハート | **2** 黄色のハート | **3** 紫のハート | **4** 青のハート |

100. 西暦1年の日本は何時代？

| **1** 旧石器時代 | **2** 縄文時代 | **3** 弥生時代 | **4** 古墳時代 |

赤字で表記されているものが答えです。

051. イギリスの科学者に名を由来する、エネルギーや仕事を表すSI組立単位は？

| 1 ジュール | 2 パスカル | 3 トムソン | 4 ワット |

052. 顔の目じりにできる小ジワのことを「何の足跡」という？

| 1 カラス | 2 小人 | 3 トカゲ | 4 もみじ |

053. トマトやスイカの生産量で日本一となっている県は？

| 1 茨城県 | 2 熊本県 | 3 高知県 | 4 宮崎県 |

054. 「侃侃諤諤」。何と読む？

| 1 かんかんがくがく | 2 かんかんごうごう | 3 けんけんがくがく | 4 けんけんごうごう |

055. 「ノーベル賞」に名を残すアルフレッド・ノーベルが生まれた国は？

| 1 オーストリア | 2 ノルウェー | 3 スイス | 4 スウェーデン |

056. 落語『芝浜』の序盤で、酒びたりの魚屋が浜で拾うものは？

| 1 刀 | 2 財布 | 3 扇子 | 4 釣竿 |

057. コンピュータを用いて1976年に証明された、地図の塗り分けに関する数学の問題は？

| 1 三色問題 | 2 四色問題 | 3 五色問題 | 4 六色問題 |

058. 男の子と女の子の2つの心をもつサファイヤを主人公とする少女漫画は？

| 1 『ガラスの仮面』 | 2 『ベルサイユのばら』 | 3 『ポーの一族』 | 4 『リボンの騎士』 |

059. お正月の遊びで使う花札は、一組何枚？

| 1 46枚 | 2 48枚 | 3 50枚 | 4 52枚 |

060. 柔道で、初段の人が締める帯の色は？

| 1 赤 | 2 黒 | 3 白 | 4 茶 |

061. 李白の『静夜思』や孟浩然の『春暁』は、いずれも何文字からなる漢詩？

| 1 20文字 | 2 28文字 | 3 40文字 | 4 56文字 |

062. 「ヤワなハートがしびれる ここちよい針のシゲキ」という歌い出しの、PUFFYのヒット曲は？

| 1 『愛のしるし』 | 2 『アジアの純真』 | 3 『これが私の生きる道』 | 4 『渚にまつわるエトセトラ』 |

063. 1902年、イギリスが「光栄ある孤立」を放棄して同盟を結んだ国は？

| 1 アメリカ | 2 日本 | 3 プロイセン | 4 ロシア |

064. 小説家の万城目学や森見登美彦の出身大学は？

| 1 九州大学 | 2 京都大学 | 3 東京大学 | 4 東北大学 |

065. 300円ショップの「THREEPPY」や、高級路線の「Standard Products」といえば、何というお店の系列店？

| 1 DAISO | 2 ドン・キホーテ | 3 ニトリ | 4 無印良品 |

066. 「鉄血のオルフェンズ」や「水星の魔女」といえば、何というアニメシリーズの近年の作品？

| 1 「エヴァンゲリオン」シリーズ | 2 「ガンダム」シリーズ | 3 「コードギアス」シリーズ | 4 「マクロス」シリーズ |

067. 半導体の中でも、余分な電子の移動によって電流が流れるものを「何型半導体」という？

| 1 m型半導体 | 2 n型半導体 | 3 o型半導体 | 4 p型半導体 |

068. 美しい山容で知られ、「蝦夷富士」の異名をもつ、北海道の南西部にある山は？

| 1 旭岳 | 2 羊蹄山 | 3 羅臼岳 | 4 利尻山 |

069. 20歳以上の8人に1人が患っているといわれる「CKD」は、体内のどの臓器の病気？

| 1 胃 | 2 肝臓 | 3 心臓 | 4 腎臓 |

070. 昨年（2022年）10月に記録された、32年ぶりの円安水準はおよそ1ドル何円？

| 1 70円 | 2 110円 | 3 150円 | 4 190円 |

071. 室町時代の正信に始まり、元信・永徳といった子孫によって発展した日本画の一大流派は？

| **1** 尾形派 | **2** 狩野派 | **3** 長谷川派 | **4** 円山派 |

072. サッカーで、ピッチのサイドでボールを持った選手が、内側にドリブルで侵入していくプレーを何という？

| **1** カットイン | **2** クロスイン | **3** ドライブイン | **4** フィードイン |

073. 代表作に『華麗なるギャツビー』がある、ロストジェネレーションを代表するアメリカの作家は？

| **1** レイモンド・チャンドラー | **2** スコット・フィッツジェラルド | **3** アーネスト・ヘミングウェイ | **4** J・D・サリンジャー |

074. 昨年（2022年）の合計特殊出生率は0.78を記録するなど、深刻な少子化に悩まされているアジアの国は？

| **1** 日本 | **2** 韓国 | **3** シンガポール | **4** タイ |

075. JAXAが運用中の「あかつき」は、何という天体を調査する探査機？

| **1** 金星 | **2** 水星 | **3** 太陽 | **4** 月 |

076. 『ケイコ 目を澄ませて』や『愛がなんだ』といった映画で主演をつとめた俳優は？

| **1** 伊藤沙莉 | **2** 岸井ゆきの | **3** 清原果耶 | **4** 松本穂香 |

077. 様々な教育機関がオンラインで公開している講座を誰でも無料で受講できるプラットフォームは？

| **1** MOOC | **2** MOOD | **3** MOON | **4** MOOS |

078. 文武天皇の夫人となった宮子と、聖武天皇の皇后となった光明子を娘にもった、奈良時代の公卿は？

| **1** 藤原鎌足 | **2** 藤原不比等 | **3** 藤原道長 | **4** 藤原良房 |

079. 「avex ROYALBRATS」や「KOSÉ 8ROCKS」といったチームが活躍するリーグは？

| **1** B.LEAGUE | **2** D.LEAGUE | **3** M.LEAGUE | **4** T.LEAGUE |

080. 1896年に行われたアテネ五輪の競泳競技・自由形で、参加者の多くがとっていた泳法は？

| **1** クロール | **2** 背泳ぎ | **3** バタフライ | **4** 平泳ぎ |

081. レザーの種類で、「ハラコ」「カーフ」「キップ」「ステアハイド」といえば何の動物の革？

1 ウシ	**2** ウマ	**3** ヤギ	**4** ワニ

082. 会社員の津田由雄を主人公とする夏目漱石の小説は？

1 『虞美人草』	**2** 『それから』	**3** 『明暗』	**4** 『門』

083. 下に置いたものの像が上面に浮き上がって見える、この鉱石を何という？

1 カメラ石	**2** テレビ石	**3** メガネ石	**4** レンズ石

084. スウェーデン生まれのブランド「moz」の製品によくデザインされているキャラクターは、どんな動物がモチーフ？

1 グリズリー	**2** ハリネズミ	**3** ヘラジカ	**4** ホッキョクグマ

085. 秦が滅亡するきっかけとなった、中国史上初めての農民反乱は？

1 安史の乱	**2** 黄巾の乱	**3** 紅巾の乱	**4** 陳勝・呉広の乱

086. カラコンブランドの「TOPARDS」や、コスメブランドの「Ririmew」をプロデュースする人物は？

1 指原莉乃	**2** 白石麻衣	**3** 西野七瀬	**4** 宮脇咲良

087. 南北を結ぶ「ザ・ガン」や東西を結ぶ「インディアン・パシフィック」といった鉄道が走る国は？

1 オーストラリア	**2** ブラジル	**3** インド	**4** 南アフリカ

088. 太古の地球に生息したプテラノドンやイグアノドン。名前につけられた「ドン」とは、何という意味の言葉？

1 尾	**2** 爪	**3** 歯	**4** 羽

089. 2021年から、社会民主党、緑の党、自由民主党の3党による連立政権が組まれている国はどこ？

1 ドイツ	**2** エジプト	**3** フランス	**4** トルコ

090. ジャズの世界で活躍する小曽根真や上原ひろみといえば、どんな楽器の演奏家？

1 ベース	**2** トランペット	**3** ピアノ	**4** サックス

091. 世界の国の首都のうち、最も赤道に近いのは？

| 1 アクラ | 2 **キト** | 3 ジャカルタ | 4 ナイロビ |

092. IT企業の「Amazon」は、もともとどんなものを取り扱う通販サイトとして創業された？

| 1 食料品 | 2 パソコン | 3 文房具 | 4 **本** |

093. 漢字1文字で「尼」と表記される国は？

| 1 アルゼンチン | 2 **インドネシア** | 3 メキシコ | 4 サウジアラビア |

094. 今年（2023年）4つの賞を獲得し、グラミー賞の累計受賞回数ランキングで歴代1位となったミュージシャンは？

| 1 アデル | 2 **ビヨンセ** | 3 レディー・ガガ | 4 テイラー・スウィフト |

095. 芥川賞と直木賞の受賞者に正賞として贈られるものは？

| 1 オルゴール | 2 **懐中時計** | 3 パイプ | 4 万年筆 |

096. 次のうち、中央競馬のGⅠレースが開催されない時期は？

| 1 1月～2月 | 2 4月～5月 | 3 **7月～8月** | 4 10月～11月 |

097. 英語の表現「better half」とは自分から見てどんな関係にある人を指す？

| 1 親 | 2 子 | 3 **配偶者** | 4 双子の兄弟 |

098. 乾燥パスタをゆでずにフライパンに入れ焦げ目をつける作り方が特徴の、最近流行りのパスタは「どんな人のパスタ」？

| 1 **暗殺者** | 2 火星人 | 3 発明家 | 4 弁護士 |

099. SNS上でBTSへの愛を表現するために用いられる絵文字は？

| 1 緑のハート | 2 黄色のハート | 3 **紫のハート** | 4 青のハート |

100. 西暦1年の日本は何時代？

| 1 旧石器時代 | 2 縄文時代 | 3 **弥生時代** | 4 古墳時代 |

解説をして感じたこと

山本祥彰

　山本です。WHAT2023のFinal Stageの1stラウンドでは、早押しクイズの解説を担当しました。

　「解説」という仕事は少し不思議ですね。クイズ大会を進行する上では、解説をする人がいなくても問題ありません。では、なぜ僕が解説の仕事をするのか。この問いを考えたとき、「解説者がいることで、参加者全員がクイズそのものに集中できる」という自分の中の回答が浮かびました。WHAT2023はYouTubeにも動画があがります。そのため、視聴者さんのためにクイズを解説する必要が生じます。それを参加者にお願いすることになると、その行為自体が試合の流れや戦況を変えてしまうおそれがある。それをさせたくない、参加者にはクイズだけに集中してほしい、という運営の気持ちが、そこにあったように感じました。

　実際に解説をしてみると、参加者のみなさんのクイズへかける思いを感じることができました。クイズのためにこれまでどのような努力をしたか、問題が読み上げられた瞬間に何を考えたか、普段からどのようにクイズを楽しんでいるか。言語化することによって、よりそのすごさを体感することができました。

　特に感動したのは、「勝負勘」と「練習量」です。状況に応じて押すべきタイミングが変化していくのが早押しクイズのおもしろいところですが、その妙をみなさん心得ているように感じました。また、日々早押しに向き合っていないと押すことのできないタイミングでの正解も多かったように思います。言葉には発さずにクイズでみせる姿、かっこよかったですね。クイズに真剣に取り組んでる方々が輝けるようなクイズの場を、これからも作り続けていきたいなと思います。

Semifinal
stage

——— 種目 ———
6時間耐久ボードクイズ

見開きで、左ページにクイズ、
右ページに解答が掲載されています。

001.

以下の空欄を単語で埋めて、
英語の童話の書き出しで
「むかしむかし」と似た意味で使われる
フレーズを完成させてください。

(　　　)(　　　) a (　　　)

002.

本土の平安時代末から室町時代にあたる時期をさす
沖縄の歴史における時代区分を、
この時期に造られはじめたものから
「何時代」という？

001.

once upon a time

6時間耐久ボードクイズの最初を飾ったのは、英語の童話の書き出しに使われるフレーズを問う問題でした。uponはonとほぼ同じ意味の単語で、あえて逐語訳すると「かつてある時に」というふうになります。

002.

グスク時代

沖縄は北海道などと同じように独自の文化をもっていたため、本土と同じ時代区分が適用されません。先史時代の区分については諸説があり定まっていませんが、おおむね12世紀から16世紀までの時代は「グスク時代」と称されます。

「グスク」とは、丘陵地に築かれた宗教的・政治的役割をもつとされる城塞のことで、漢字では「城」の字を当てることもあります。一部の遺跡は「琉球王国のグスク及び関連遺産群」として世界文化遺産に登録されています。

003.

以下の流れは血液の循環を表したものです。
①～⑧の空欄に語群にある言葉がひとつずつ入るとき、
⑤と⑧に入るのはそれぞれ何？

（　①　）→（　②　）→全身→（　③　）→（　④　）→
（　⑤　）→（　⑥　）→肺→（　⑦　）→（　⑧　）→（　①　）

語群：左心室、右心室、左心房、右心房、
大動脈、大静脈、肺動脈、肺静脈

004.

日本には全部で25件の世界遺産がありますが、
そのうち自然遺産は何件？

003.

⑤右心室
⑧左心房

血液は問題中の番号に合わせると、以下のように循環します。
①左心室→②大動脈→全身→③大静脈→④右心房→⑤右心室→⑥肺動脈→肺
→⑦肺静脈→⑧左心房→①左心室
⑤と⑧を答える必要があるため、「心臓から外へ向かうのは動脈、外から心
臓へ向かうのは静脈」「大動脈は左心室から出ている」といった知識だけで
は自信をもって正解することができない出題となっています。

004.

5件

日本にある世界自然遺産は、「白神山地」「屋久島」「知床」「小笠原諸島」
「奄美大島、徳之島、沖縄島北部及び西表島」の5件です。日本の北と南の
幅広い地域にわたっています。
このうち、「奄美大島、徳之島、沖縄島北部及び西表島」は、2021年に登録
された比較的新しい世界遺産です。すこし前のニュースを思い出すことも正
解に結びつく場合があるかもしれません。

005.

味方がいる場所やリスポーン地点に
一気に移動できる、
ゲーム『スプラトゥーン』シリーズの
基本操作のひとつは何？

006.

中国の思想家・孟子が唱えた概念で、
君主の道徳によって行われる政治を
「王道」というのに対し、
武力や策略によって行われる政治を何という？

005.

スーパージャンプ

『スプラトゥーン』シリーズは任天堂の人気ゲームシリーズで、スーパージャンプは第1作から存在する操作です。通常、着地地点には敵にも見えるサインが出るため、使用するタイミングには注意が必要となります。

006.

覇道

孟子は中国の戦国時代を生きた思想家です。孟子は当時の実力者たちが武力を重んじる政治を行っていたことを批判し、道徳にもとづく王道政治を理想として掲げました。
大差ないという意味で使われる故事成語「五十歩百歩」も、孟子が王道政治を説くために述べた話がもとになっています。

007.

これは何を収穫している様子？

写真：Science Photo Library／アフロ

008.

8枚の生地から作られたスカートのことを
「8枚○○スカート」という。
○○に入るかな2文字は何？

007.

クランベリー

画像は収穫時のクランベリー畑を写したものでした。クランベリーの収穫は、クランベリー畑を水で満たして行われます。畑を水で満たしたら、木をゆするなどして果実を木から離します。すると、クランベリーの実は水面に浮かんできてくれるので、そこを収穫するという具合です。

008.

はぎ

布や板などを継ぎ合わせることを「はぐ」といい、漢字では「接ぐ」と書きます。「8枚はぎスカート」というと、細長く裁断した8枚の生地を縫い合わせて作るスカートのことです。
洋裁が好きな人、ファッションに興味のある人であれば、聞き覚えのある言葉だったのではないかと思います。

009.

これらはそれぞれどこの国の国旗？

010.

今年（2023年）1月に芥川賞を受賞した井戸川射子は、
『する、されるユートピア』という作品で、
優れた現代詩作品に与えられる中原中也賞を受賞しています。
では、2009年に『先端で、さすわ　ささされるわ　そらええわ』
という作品で中原中也賞を受賞した、
同じく芥川賞の受賞経験がある作家は誰？

009.

オーストラリア、ツバル、ニュージーランド

見た目の似た3つの国旗がどこの国のものか答える問題でした。左上の部分にイギリス国旗のユニオンジャックが共通して配置されていることからもわかるように、これらの国はともにイギリス連邦の加盟国です。

010.

川上未映子

井戸川射子さんは2022年下半期の芥川賞を『この世の喜びよ』で受賞しました。中原中也賞の受賞は2019年のことでした。

川上未映子さんは2007年下半期の芥川賞を『乳と卵』で受賞しました。中原中也賞の受賞は2009年で、井戸川さんとは逆に芥川賞が先行しています。

ちなみに、芥川賞と中原中也賞の両方を受賞した経験がある作家としては、1991年上半期の芥川賞を『自動起床装置』で受賞し、2011年の中原中也賞を『生首』で受賞した辺見庸さんもいます。

011.

エーザイがアメリカのメーカー・バイオジェンと
共同で開発した「レカネマブ」は、
どんな病気の治療薬？

012.

これらの絵画の題材となった、
『新約聖書』に登場する出来事は何？

提供：Artothek/アフロ

提供：Artothek/アフロ

提供：akg-image/アフロ

011.

アルツハイマー型認知症

認知症にはアルツハイマー型認知症のほかに、血管性認知症やレビー小体型認知症などの分類が存在します。アルツハイマー型認知症の原因とされるタンパク質「アミロイドβ」に特異的に結びつく抗体を医薬品化したものが「レカネマブ」です。今回の出題において、正確な答えとして「アルツハイマー型認知症」を用意していましたが、単に「認知症」と答えた場合も正解にしています。

012.

受胎告知

「受胎告知」とは、大天使ガブリエルがマリアのもとを訪れてイエス・キリストを懐妊したことを告げたという『新約聖書』のエピソードです。古くからしばしば宗教画の題材になってきました。

左の絵の作者ダンテ・ゲイブリエル・ロセッティは19世紀イングランドの画家で、ラファエル前派というグループに属しました。右の絵の作者ムリーリョは17世紀の画家で、スペイン黄金時代を代表する人物とされています。真ん中の絵の作者フラ・アンジェリコは15世紀にイタリアのフィレンツェで活躍した画家で、ルネサンス美術を代表する人物のひとりです。

それぞれの絵画で画風や構図は異なりますが、聖母マリアを表す青と赤の布や、ハトといったモチーフが共通していることがわかります。

013.

今年（2023年）の優勝タイムが
4時間48分6秒であった、
お正月に行われるスポーツ大会は何？

014.

下の部分の敷居と対になっており、
障子などをスライドさせるための溝がついている、
日本の家屋にみられる部材は何？

013.

ニューイヤー駅伝

ニューイヤー駅伝は毎年1月1日の朝にスタートする実業団による駅伝の大会です。群馬県の主要な都市を巡る7区間全100キロのコースで競われます。ちなみに箱根駅伝は毎年1月2日に往路、3日に復路が行われ、例年の優勝タイムは11時間前後となっています。

014.

鴨居

鴨居は伝統的な日本建築では必ずと言っていいほどよく見る部材です。言われたら聞いたことはあった、見たことはあった、という人は多いのではないでしょうか。

辞書的な説明から適切な解答を導く、という過程は一見地味なようですが、クイズの奥深いところは意外と、こういう目立たない過程のなかに詰まっています。

015.

OPテーマには『アイドル』、
EDテーマには『メフィスト』が使われている、
2023年4月放送開始のテレビアニメは何？

016.

日本において、
就任することで「三権の長」となる役職を
すべて漏らさずに書いてください。

015.

『【推しの子】』

『【推しの子】』は、原作：赤坂アカ、作画：横槍メンゴの漫画を原作とするアニメで、2023年の春クールに第1期が放送されヒットしました。『アイドル』はYOASOBI、『メフィスト』は女王蜂の楽曲です。

016.

衆議院議長、参議院議長、内閣総理大臣、最高裁判所長官

国家における三権とは、立法権、行政権、司法権のことです。日本では、立法権は国会、行政権は内閣、司法権は裁判所に属します。

この3つの機関の長が「三権の長」である、ということになります。内閣の長は内閣総理大臣、裁判所の長は最高裁判所長官です。問題となるのは国会で、日本の国会は衆議院と参議院からなるため、それぞれの議長がどちらも立法権の長であるということになります。

一見不要にも思える「すべて漏らさずに」という文言に問題の意図が込められていたということですね。

017.

この動物は何？

写真：Ardea／アフロ

018.

「博物館」を表す地図記号のモデルになった、
東京・上野公園内にある日本最古の博物館は何？

017.

ズキンアザラシ

ズキンアザラシは北極海や北大西洋に生息するアザラシの仲間です。オスは鼻腔を赤い風船のように膨らませることができ、この様子が「ズキン」という名前の由来になりました。

018.

東京国立博物館

東京国立博物館は、1872年に湯島で開かれた博覧会に起源をもつ、日本最古の博物館です。2022年には開館150周年を記念した大規模な企画展が話題を集めました。

上野公園に移ったのは1881年のことです。現在の建物は関東大震災後に復興本館として建てられたもので、1937年に完成しました。博物館・美術館を表す地図記号は、この建物の入り口をかたどったもので、2002年から使われています。

019.

古典文学『源氏物語』の、
第1帖につけられた巻名は何？

020.

現在（2023年）、Instagramのフォロワー数が多い
日本人上位10人のうち、
3人が所属するグループは何？

019.

「桐壺」

『源氏物語』は平安時代中期に成立した紫式部による物語で、全54帖からなります。第1帖の巻名「桐壺」は、主人公・光源氏の母・桐壺更衣から取られていると思われます。

020.

TWICE

日本人のInstagramフォロワー数ランキングで上位につけるミナさん、サナさん、モモさんは、いずれもK-POPグループ「TWICE」のメンバーです。モモさんは日本人1位のフォロワー数を誇ります。
2023年からは、グループ内ユニット「MISAMO」としての活動を本格的に始め、ますます人気を集めています。

021.

「遠回しにじわじわと痛めつけること」
を意味することわざと、
「うわべは優しいが内心では悪意をもっていること」
を意味することわざに、
共通して登場する言葉は何？

022.

江戸時代におよそ60年周期でみられた、
各地から数百万人が
伊勢神宮へ参詣に出掛けた出来事を何という？

021.

真綿

前者は「真綿で首を絞める」、後者は「真綿に針を包む」です。真綿は、カイコのまゆを煮て引き伸ばして作った綿のことです。どちらのことわざでも柔らかいものの例として使用されています。

022.

お蔭参り

江戸時代には突発的に伊勢神宮への参詣者が増える現象が何度か起こりました。1650年、1705年、1771年、1830年に起こったものが特に大規模なもので、これを特に「お蔭参り」と呼んでいます。幕末の1867年に起こった「ええじゃないか」と呼ばれる運動も、お蔭参りとの関連でよく語られます。

歴史に関するクイズというと、どうしても著名人や有名な戦いのエピソードといったものが取り上げられます。もちろんそれもクイズの、あるいは歴史の重要な側面なのですが、そうでないところにも問われるものはあるものです。

023.

「プロメテウス」や「ロキ」などの
火山が存在しており、
太陽系で最も火山活動が盛んな天体は何？

024.

今シーズン（2023）から
埼玉西武ライオンズの監督をつとめている、
西武や楽天のショートとして攻守に活躍した
元プロ野球選手は誰？

023.

イオ

イオは木星の第一衛星です。無意識に惑星の中から答えを探した人もいたかもしれませんが、「天体は何？」という訊き方から惑星ではないかもしれないと気づくことも可能な問題文でした。

024.

松井稼頭央

松井稼頭央さんは1993年のドラフトで指名を受けてプロ入りし、2018年に引退するまで、西武ライオンズ、ニューヨーク・メッツをはじめとするメジャーリーグの球団、東北楽天ゴールデンイーグルスなどで攻守にわたって活躍した元プロ野球選手です。
現在は現役時代にプレーした西武の監督をつとめています。1年目の2023年シーズンは故障者・離脱者の多さに苦しみパ・リーグ5位という成績に終わりましたが、来季の続投が決定しています。

025.

電子書籍のもとになる紙の本や、
翻訳をするときに原文のよりどころにする
書籍のことをさす、
漢字2文字の言葉は何？

026.

古代オリエント世界に大帝国を築いた
アレクサンドロス大王は、
どこの国の王だった？

025.

底本

底本という言葉は、写本や複製本の原本のことをさしても使われます。本というものの発展に伴って、さまざまな意味へと拡張されてきた言葉であるといえます。

026.

マケドニア王国

古代ギリシアの北方にあったマケドニア王国は、フィリッポス2世の時代に勢力を拡大してギリシアの諸都市を支配下に置きました。アレクサンドロス大王（アレクサンドロス3世）はその子です。

アレクサンドロス大王が古代オリエントの幅広い領域に支配権を広げたことで、ギリシアの文化がこの領域に広まり、各地域の伝統と融合して新たな文化が生まれることになりました。これをヘレニズム文化といいます。

027.

このリストが表すものは何？

1. ノルウェー
2. スウェーデン
3. ビルマ
4. オーストリア
5. ペルー
6. エジプト
7. ガーナ
8. 韓国
9. ポルトガル

028.

昨年度（2022年度）の将棋のタイトル戦で
行われた全対局で、最も多かった戦法の組み合わせは
次のうちどれ？

①振り飛車 vs 振り飛車
②振り飛車 vs 居飛車
③居飛車 vs 居飛車

027.

歴代国連事務総長（の出身国）

国際連合のトップを「事務総長」といいます。現在までに9人の人物が事務総長に就任しており、現在はポルトガルのアントニオ・グテーレスがその地位にあります。普段のニュースで聞きなじみがあるかどうか、ということよりは、国連事務総長という役職について一歩踏み込んで知ろうとしたことがあるかどうか、ということが問われる出題でした。
ちなみに、3番の「ビルマ」は、現在のミャンマーのことです。

028.

将棋の戦法は、飛車をどの位置で戦わせるかにより大きく2種類に分類されます。飛車を初期位置から動かさず戦う形を「居飛車」、左側に移動させて戦う形を「振り飛車」といいます。現在、八冠を達成した藤井聡太さんをはじめ、プロ棋士の大多数が主に居飛車を選択するという状況にあります。

029.

この音楽が使われた、1976年公開の映画は何？
※会場では音楽が流れました。

030.

焼肉で食べられる
「ハラミ」や「サガリ」といえば、
牛の体のどの部位？

029.

『ロッキー』

1976年公開の映画『ロッキー』は、シルベスター・スタローン演じる無名のボクサー・ロッキーが、世界チャンピオンのアポロとの対決に挑む、という物語です。

この曲自体は〝Gonna Fly Now〟という名前ですが、「ロッキーのテーマ」と呼ばれることもしばしばあります。聞いたことがあるか、映画を観たことがあるか、曲と映画が結びついているかというのはそれぞれ異なる経験であり能力ですが、正解にはたどり着けたでしょうか。

030.

横隔膜

横隔膜は、哺乳類などの体中の空間を2つに仕切る膜のことです。肺による呼吸を助けるために用いられるほか、しゃっくりが出るときに痙攣を起こしていることでも知られています。焼肉屋さんで見かけるハラミやサガリは、この横隔膜の部分です。ハラミは背中側の薄い部分、サガリはお腹側の分厚い部分、という違いがあります。

031.

気象庁が発表する天気予報で用いられる「平年値」は、
ある期間の気温や降水量を平均して算出されます。
では、現在（2023年）の「平年値」は、
西暦何年から何年までのデータを用いて算出される？

032.

化学式$C_4H_{10}O$で表される
第2級アルコールの構造式を書いてください。
ただし原子は省略せず、すべて書いてください。

031.

1991年〜2020年

現在の「平年値」の基準となっている期間を考える際には、30年と10年という2つの数字が鍵になります。まず、平年値とは、過去30年間の気温や降水量を平均して算出されるものです。それでは、今の平年値は2023年を基準にして考えればよいのかというと、そうではありません。平年値は10年に1度、西暦の下1桁が0から1になるタイミングで更新されるのです。したがって、今の平年値は2021年から使われているもので、この時点での過去30年間、すなわち1991年から2020年を基準としている、ということになります。ちなみにこのとき更新された気温の平年値は、以前のものよりもすこし高めになったそうです。

032.

CH_3—CH_2—CH—CH_3
|
OH

「メタノールやエタノールなど、炭化水素（CnHm）の水素原子をヒドロキシ基（-OH）で置き換えた化合物をアルコールといいます。化学式を見ると、目的のアルコールはブタン（C_4H_{10}）の水素原子1つをヒドロキシ基に置換したものだとわかります。また、「第n級アルコール」は、ヒドロキシ基が結合している炭素原子に他の炭化水素基がn個結合しているアルコールのことです。これらの情報により、目的のアルコールは解答の形のもの1つに定まるため、指示に従って構造式を書くことができれば正解となります。なお、解答に示した表記は一例で、書き方には幅があります。

033.

本のデザインにおいて、
あえて紙の上の部分をきれいに切り揃えず、
ガタガタな状態のままにしておく
趣向のことを何という？

034.

【説明して解答】
アイザック・アシモフのSF小説に登場する
「ロボット工学三原則」の第1条は、
どのような内容？

033.

天アンカット

本を作る「製本」の作業では、基本的に大きな紙を何回か折ったものをいくつも繋げて一冊の本にします。したがって、裁断をしないままだと、各ページがつながった状態で本ができあがります。このような製本を「アンカット」といい、かつてはこの状態で本が売られていたこともしばしばありました。

今では、背表紙以外の3面（小口といいます）をすべて裁断して切り揃えるのが一般的ですが、あえて上の部分（天）だけを切り揃えずに残しておく場合があり、これが「天アンカット」です。

製本ミスと勘違いされることも多いようですが、意図的なデザインなのです。書店を訪れた際に気にしてみると、新たな発見があるかもしれません。

034.

ロボットは人間に危害を加えてはならない。また、その危険を看過することによって、人間に危害を及ぼしてはならない。

アイザック・アシモフは短編集『われはロボット』をはじめ、ロボットをテーマとする小説を数多く発表しました。その中で、ロボットに行動原理としてインプットされているのがロボット工学三原則です。第1条は解答の通りとして、第2条は「第1条に抵触しない限りにおいて、ロボットは人間の命令に服従しなければならない。」、第3条は「ロボットは自身の身を守らなければならない。ただし、第1条、第2条に反する場合は、この限りではない。」という内容です。この3つの原則のもとでロボットがどのように振る舞うかが、物語の読みどころとなります。

035.

デザインに注目してお考えください。
この画像は「日本○○協会」のロゴマーク
です。
○○に入るスポーツは何？

036.

これはハノイの塔というパズルです。

- 円盤を１つ抜いて、別のところに移すのが１手です。
- 円盤は１つずつしか動かせません。
- 最初の形を別の棒に移したらクリアです。
- 円盤を重ねるときは、より小さい円盤がより大きい円盤の上に
  くるようにしなくてはいけません。

２段のものは３手、３段のも
のは７手で解くことができま
す。では、７段のものは最短
何手で解くことができる？

写真：Kojiro_sp／
PIXTA（ピクスタ）

035.

ホッケー

日本ホッケー協会のロゴは、JAPAN HOCKEY という言葉の頭文字であるJとHを図案化したものです。アルファベットのJがホッケーのスティックを表していること、青の2本線とボールから伸びる横線がHを形作っていることに気づけると、一気に正解に近づきます。

ちなみに、文字の横を抜けていく赤いボールから伸びる5本の線は、ホッケーのフェアプレー精神に則った「伝統・革新・品格・情熱・友情」を表しているそうです。

036.

127手

ハノイの塔という有名なパズルの手数についての問題でした。n段のハノイの塔の最短手数は 2^n-1 手であるという知識があればすぐに答えることができる問題ですが、それを知らない場合はどう考えるのがよいでしょうか。説明のため、3本の棒をそれぞれA・B・Cとして、AからCへ円盤を移せばクリアとします。1段や2段のものは簡単にクリアできるということを前提に、n段を a_n 手でクリアする方法を知っているときにそれを使ってn+1段をクリアすることができないか、考えてみましょう。

まずAからn+1段のうち一番下の段以外のn段を a_n 手でBへと移動させます。次に、Aに残った1段を1手でCへと移動させます。最後に、Bにあるn段を a_n 手でCへと移動させます。この手順によってn+1段のハノイの塔は $2a_n+1$ 手でクリア可能であることがわかります(なお、この手順はクリア可能であるだけでなく最短でもあります。クリアするにはAから最後の1段をCへ動かす手順を必ず含まねばならず、そのための前後の手順が最短であるためです)。このことから、$a_{n+1}=2a_n+1$ という漸化式が得られます。これを $a_1=1$ とあわせて解くと、$a_n=2^n-1$ という一般項が得られ、$a_7=127$ という値を求めることができます。もし漸化式の計算に慣れていなくても、段数と手数の法則がわかってしまえば力技で7段の手数まで求めることもできたのではないでしょうか。

037.

京都の観光名所・渡月橋は、
何という川に架かっている橋？

038.

昨シーズン（2022）のフィギュアスケート・ペア種目で
年間グランドスラムを達成した
「りくりゅう」ペアの2人とは、誰と誰？

037.

桂川

渡月橋は京都・嵐山の観光名所となっている橋です。嵐山と嵯峨野を隔てる桂川に架かっています。

この桂川、上流では大堰川、保津川などとも呼ばれ、美しい景観で名高い保津峡を形作っています。下流では鴨川が合流し、さらに木津川、宇治川と合流して淀川となります。

038.

三浦璃来、木原龍一

フィギュアスケートにおいて、1年間のうちにグランプリファイナル、四大陸選手権、世界選手権の3つの大会すべてで優勝することを「年間グランドスラム」といいます。これは他のフィギュアの競技（男子シングルなど）を含めて、日本初の快挙となりました。2022-2023シーズンの2人は、そのほかにも出場した大会すべてで優勝を果たすなど、圧倒的な成績を残しています。

039.

ギターの一般的なチューニングで、
一番高い音を出す1弦と、
一番低い音を出す6弦は、
どちらもどの音に調弦される？

040.

「意見は人によってまちまちだった」というときの
「まちまち」を漢字で書いてください。

039.

ギターの6本の弦のうち、端の2本はどちらもミ（E）の音に調弦されます。
中の4本は、2弦から順番に、シ（B）、ソ（G）、レ（D）、ラ（A）の音に調
弦されます。シとソの間以外は4度ずつ離れた形で、1弦と6弦のミの音は
2オクターブ高さが違います。

ギターの各弦が出す音を覚えておくと、このコードはどうしてこう押さえる
のかということが理解しやすくなります。たとえばFコードを演奏する際に
はバレーコードといって1本の指で1フレットをすべて押さえますが、こう
押さえることによって1弦と6弦はミの半音上の音、すなわちファ（F）の
音を出している、といったこともわかります。

040.

区区

ふつうはかなで表記される言葉の漢字表記を問う問題でした。このような形
式で出題されている以上、知らない漢字ではないのだろうと推測することは
できたかと思いますが、「まちまち」という言葉のニュアンスから汲み取っ
て正解するのは少し難しい問題であったかもしれません。その分、漢字や言
葉の知識に自信のある人にとっては差をつけやすい問題になったでしょう
か。

041.

星条旗をモデルとする国旗と、
かつてのアメリカ大統領にちなんだ名前の首都をもつ、
アフリカの国はどこ？

042.

次のうち、日本で実際に採用されている税を
すべて選んでください。

①自動車税　②ペット税　③ゴルフ場利用税
④上映税　⑤狩猟税　⑥入湯税　⑦選挙税

041.

リベリア共和国

リベリア共和国は、首都をモンロビアに置く西アフリカの国です。国旗はアメリカ合衆国の星条旗によく似た、左上に一つ星のあるデザインで、首都モンロビアの名前は第5代アメリカ大統領ジェームズ・モンローにちなんでいます。

このようにアメリカの影響がみられるのは、リベリアが、アメリカからアフリカに渡った解放奴隷たちによって建設された国だからです。モンローはこのアフリカ移住を支援していました。

042.

①③⑤⑥

正解の4つの税は、いずれも実際に採用されている税です。自動車税は毎年自動車の所有者が支払う税、狩猟税は自治体に狩猟者として登録する際に支払う税です。ゴルフ場利用税と入湯税はそれぞれゴルフ場や温泉を利用する際に支払う税で、主に利用料の中に含まれる形で徴収されています。誤答選択肢について。②の「ペット税」は、過去に「うさぎ税」や「犬税」といった形で実際に採用されていたことがありました。映画などに関わる税としては「営業税」や「入場税」が過去に存在しましたが、④の「上映税」は現在まで存在しません。⑦の「選挙税」について、1925年に普通選挙法が可決される以前は納税額が一定以上でないと選挙権が与えられていなかったため、そのことを「選挙税」と呼ぶこともできそうですが、当然、現在そのようなことはありません。

043.

科学者のジョゼフ・プリーストリーは
ある気体を1774年に発見し、
これを「脱フロギストン空気」と呼びました。
この気体は、現在は何と呼ばれている？

044.

日本のスターバックスで頼める飲み物の4つのサイズの名前は、
それぞれ何？

043.

酸素

「脱フロギストン空気」という奇妙な命名の背景には、当時の西洋で考えられていた「フロギストン説」という学説があります。

フロギストン説は、ものが燃えるとはどのような現象か、という問いに対して考えられた学説です。その内容は、フロギストンという物質が存在し、燃焼は物質からこのフロギストンという物質が分離することで起こる、というものでした。燃焼は実際のところ、物質に酸素が結びつく反応ですが、プリーストリーは、自分の発見した気体がフロギストンを分離させる作用をもっていると考えて「脱フロギストン空気」という名前をつけたわけです。

燃焼の本来の仕組みは、プリーストリーと同時期の化学者ラヴォワジェによって明らかにされました。

044.

ショート、
トール、
グランデ、
ベンティ

コーヒーショップのスターバックスでは飲み物のサイズを4種類の中から選ぶことができます。ショートは240ml、トールは350ml、グランデは470ml、ベンティは590mlに対応しています。ちなみに、海外のスターバックスにはベンティより上の「トレンタ」というサイズがあり、内容量は900ml以上となっているそうです。

045.

【順番通りに解答】
戦後の日本政治で成立した
「55年体制」において、
それぞれ与党・野党第1党として対立した
2つの政党とは、何と何？

046.

豊臣秀吉が朝鮮出兵の際に
母親へ贈ったものが起源とされる、
塩と卵白を混ぜたもので
肉や魚を覆って焼いた料理を何という？

写真：ken3679／PIXTA（ピクスタ）

045.

自由民主党と日本社会党

戦後の1955年、左右に分裂していた日本社会党が統一されました。一方で、保守系の2政党が合同し、自由民主党が誕生しました。この年以来、自由民主党が与党、日本社会党が野党第1党となる構図が定着し、日本政治はこの2党を中心に展開することになりました。これを55年体制といいます。55年体制は、1993年に非自民連立政権である細川護熙内閣が成立したことによって崩壊することになりました。

046.

塩釜焼き

塩釜焼きは鯛などの食材を丸ごと塩に包んで焼き上げたもので、ハレの日に食べられる贅沢な料理として伝わっています。見た目はかなり塩辛そうですが、実際には食材と塩の間に昆布を敷いて塩辛くなりすぎないようにされます。焼く前には、卵黄で表面に絵を描いて遊ぶこともできます。

047.

R&Bグループ「ドリフターズ」の
リード・シンガーとしての活動や、
同名の映画の主題歌に使われた
『スタンド・バイ・ミー』のヒットで知られる
アメリカの歌手は誰？

048.

ある元素Qが存在し、
この元素には、相対質量50の同位体、
相対質量55の同位体、
相対質量57の同位体が、
8：1：1の比で存在していると仮定します。
このとき、この元素Qの原子量はいくつになる？

047.

ベン・E・キング

映画『スタンド・バイ・ミー』は、4人の少年が死体探しのために線路伝いの旅に出る、という内容の名作映画です。この映画の主題歌に使われたのがベン・E・キングの『スタンド・バイ・ミー』で、哀愁漂う旋律が広く知られています。
R&Bグループのドリフターズは、日本では越路吹雪による歌唱で有名な『ラスト・ダンスは私に』などの曲で知られています。

048.

51.2

この世界の元素は、相対質量の異なる複数種類の原子が一定の割合で混ざり合ったものとして存在しています。それらの原子を同位体といい、原子量はそれらの相対質量を存在比に基づいた重みをつけ平均することで求められます。すなわち、$50*8/10+55*1/10+57*1/10=51.2$と求めることができます。有効数字等の指定はしていませんでしたが、当日、問題文から有効数字が2桁であることを読み取って「51」と解答した方も正解としました。

049.

3ポイントシュートの通算成功数ランキングで
歴代1位の座にある、
NBAのゴールデンステート・ウォリアーズで活躍する
バスケットボール選手は誰？

050.

TBSラジオの深夜放送枠「JUNK」で、
月〜金のパーソナリティをつとめている
5組のお笑い芸人・お笑いコンビを、
すべて答えてください。
ただし、順番通りでなくても可とします。

049.

ステフィン・カリー

ステフィン・カリーは、2009-10シーズンにプロ入りしたベテランのバスケットボール選手です。これまでに3000回以上の3ポイントシュートを決めており、2ポイントのシュートを重視していた従来の戦術を変えたほどの影響力をもっています。

050.

伊集院光
爆笑問題
山里亮太
おぎやはぎ
バナナマン

それぞれ、「伊集院光 深夜の馬鹿力」「爆笑問題カーボーイ」「山里亮太の不毛な議論」「おぎやはぎのメガネびいき」「バナナマンのバナナムーンGOLD」という番組を担当しています。最も歴史の浅い「不毛な議論」でも2010年4月開始であり、10年以上固定の顔ぶれで放送枠が続いているということになります。

051.

マンゴー、レモン、バナナといった
果物の生産量が世界一多い国はどこ？

052.

久米正雄や芥川龍之介が参加した
第三次・第四次が特に知られる、
1907年に小山内薫により創刊されて以降断続的に刊行され、
昨年（2022年）には第二十一次として35年ぶりの
復刊を果たした文芸雑誌は何？

051.

インド共和国

インドは農業国であり、果物に限らず穀物や野菜でも世界有数の生産量を誇ります。

ただ、たとえばバナナにインドのイメージはあまりなかったかもしれません。これは、日本でのイメージが、生産量の多さよりも、日本の輸入量の多さによって決まってくる部分があるからではないかと思います。日本に輸入されるバナナのほとんどはフィリピンから輸入されたもので、こちらのイメージがより強いかもしれません。

052.

「新思潮」

定番の文豪の情報から一歩踏み込んだ、文学史についての出題でした。問題文中で取り上げた他にも、第六次には川端康成が寄稿するなど、多くの著名人を輩出しています。「新思潮」という雑誌について直接知らなくとも、芥川龍之介や久米正雄、菊池寛らの作家のことを「新思潮派」と呼ぶことから答えに辿り着けたかも知れません。

053.

小型で軽量であり、
価格も安いことから
さまざまな電子工作に使われている、
イギリスの財団が教育用に開発した
コンピュータは何？

写真：Science Photo Library／アフロ

054.

次の4つの中国の王朝を
建国が古い順に並べなさい。

新、晋（西晋）、清、秦

053.

Raspberry Pi

Raspberry Piは画像の通りの無骨な見た目のコンピュータですが、Linux OSを動かす能力をもっており、広い範囲に応用することができます。日本では「ラズパイ」の通称で親しまれています。

画像をよく見ていると、ラズベリーのようなロゴが描かれていることに気づくことができたかもしれません。

054.

秦→新→晋（西晋）→清

中国の王朝を時代順に並べ替える問題でした。日本語だといずれも「シン」と発音される4つですが、中国語だと秦はqín、新はxīn、晋はjìn、清はqīngと別々の発音になります。

秦は紀元前3世紀に成立した中国初の統一王朝です。新は1世紀初頭、前漢と後漢の間に成立した短命の王朝です。晋（西晋）は三国時代の後、3世紀中葉に成立した王朝です。清は17世紀から20世紀まで続いた、中国最後の統一王朝です。

055.

このピクトグラムが表すものは何？

提供：イメージマート

056.

ディズニーシリーズ、
西洋絵画シリーズ、
ピーターラビット™シリーズといえば、
どんなもののデザイン？

055.

礼拝室

礼拝室は駅やショッピングモールなどの施設に設置される、お祈りをするためのスペースです。たとえば、サラートとよばれるお祈りを毎日数回行う必要があるイスラム教徒の人などが利用者として挙げられます。祈祷室やプレイヤー・ルームという名前でよばれることもあります。

056.

図書カードNEXT

図書カードNEXTは、2016年から発行されている新しい図書カードです。パンチ穴を開けるタイプの従来の図書カードとは異なり、QRコードで情報を読み取る仕組みになっています。

図書カードNEXTにはいくつかのデザインがあり、さまざまなシーンでギフトとして活用できるようになっています。過去には「東山魁夷シリーズ」「松尾たいこシリーズ」といったシリーズも発行されていました。

057.

孫の家系からは鎌倉幕府を開いた
源頼朝を輩出している、
平安時代前期に在位していた
第56代天皇は誰？

058.

芸能事務所「スターダストプロモーション」
の本社は、東京の何という駅の近くにある？

057.

清和天皇

清和天皇の子孫の中で源姓を賜った一族のことを「清和源氏」といいます。武田氏や足利氏もこの系統の一族であるとされています。同様の経緯で、平将門らに代表される、桓武天皇の子孫の一族のことを「桓武平氏」といいます。

058.

恵比寿駅

芸能事務所を問うクイズを答えたことのある人はいても、芸能事務所の本社所在地を問うクイズを答えたことのある人はなかなかいなかったのではと思います。もちろんスターダストプロモーションの本社が恵比寿にあることを知っていればそれに越したことはないのですが、知っていなくても、周辺知識を洗い出すことである程度正解に近づくことができる、という意図での出題です。女性アイドルグループの「私立恵比寿中学」や、男性タレントで構成されたユニット「EBiDAN（恵比寿学園男子部）」のことを思いつくことができた方はお見事でした。

059.

少女ルーシーからの猛アピールを受け流しながら、
日々おもちゃのピアノと向き合い音楽に熱中する、
チャールズ・シュルツの漫画
『ピーナッツ』に登場する少年は誰?

060.

【同じ値を指していれば表現の仕方は問わない】
Webページなどで用いられる「HTMLカラーコード」では、
6桁の数字を用いて色を符号化しています。
たとえば「#000000」は黒を表します。
このHTMLカラーコードで表すことができる色は、
全部で何通り?

059.

シュローダー

スヌーピーやチャーリー・ブラウンが登場する漫画『ピーナッツ』には、他にもさまざまなキャラクターが描かれています。今回は「音楽」や「ピアノ」といった核となる情報が問題文にきちんと書かれていたので、シュローダーのことを少しでも知っていれば正解するのに苦労はしなかったのではと思います。漫画内の人間関係に焦点を当て、キャラクター個人の特徴をあえて伏せておく形で出題することも可能なので、今回正解できた人はそういった問い方にも対応できるように知識を深めてみてはいかがでしょう。

060.

16777216通り

ふつう数字と聞いてわたしたちが想像するのは10進数ではないかと思います。10進数は、0〜9の数字を用いて数を表記するやり方です。10進数のほかに、0と1だけで数を表す2進数や、0〜9の数字に加えてアルファベットのA〜Fを用いる16進数などがあります。Aが10、Bが11、…、Fが15、と対応します。

問題文には「6桁の数字」とあるので、ふつうに考えると最大値は「999999」ではないかと思われるのですが、実は、ここで使われているのは10進数ではなく、16進数である、というところがポイントです。したがって最大の数字は「FFFFFF」である、ということになります。

061.

歌舞伎の演目『楼門五三桐』で、
春のうららかな景色を眺めて
「絶景かな 絶景かな」という
名台詞を言う登場人物は誰？

062.

【○○には答えが入る】
オーストラリアの企業と共同で、
青いカーネーションの「Moondust」や、
青いバラの「○○ blue rose APPLAUSE」を開発した
日本の企業はどこ？

061.

石川五右衛門

石川五右衛門は安土桃山時代の伝説的な大盗賊です。捕らえられた際に京都の三条河原で釜茹での刑に処されたというエピソードで知っている人もいるかもしれません。「絶景かな 絶景かな」の台詞は、追っ手に追われる五右衛門が南禅寺の山門の上で発するもので、「春の眺めは価千金とは小せえ小せえ。この五右衛門が目からは価万両。……」などと続きます。

062.

サントリー

サントリーが開発した青いバラ「SUNTORY blue rose APPLAUSE」は、パンジーから青色の花を咲かせる遺伝子を取り出し、それを遺伝子組み換え技術を用いてバラに組み込むことで作られました。青いカーネーションのMoondustは、その開発過程で生み出されたものです。
青いバラはかつて不可能の象徴とされていましたが、それを覆したAPPLAUSEには「夢 かなう」という花言葉がつけられています。

063.

それぞれの空欄に日本の元号を入れて、
現在の日本の国民の祝日を
2つ完成させてください。

（　①　）の日　と　（　②　）の日

064.

グラム・ツシシビリ、タト・グリガラシビリ、
ラシャ・シャヴダトゥアシヴィリといった
柔道の強豪選手の出身地である、
「チダオバ」という格闘技が伝わる国はどこ？

063.

①昭和
②文化

元号の名前が使われている国民の祝日ということで、「昭和の日」は比較的すぐに思いつくのではないでしょうか。問題はもうひとつの方で、令和、平成、大正……と知っている元号を当てはめていってもなかなか正解に辿り着くのは難しいでしょう。逆に国民の祝日の方から考えていき、「成人」や「海」や「スポーツ」などは流石に違うだろうと思うことができれば、「文化の日」に到達することができるかと思われます。念のためですが、「文化の日」の文化は元号の「文化」とは関係がありません。元号の「文化」は1804年から1818年まで使われた元号で、次の「文政」とあわせて「化政文化」の名前の由来となりました（文「化」と文「政」の頃に栄えたcultureということです）。

064.

ジョージア

問題文に挙げた3人の選手は、いずれも現役で活躍する柔道選手です。ジョージア出身のスポーツ選手では、元力士の栃ノ心や臥牙丸も有名です。
「～シヴィリ」は「～の子」といった意味の言葉で、ジョージア人の名前によくみられます。ソビエト連邦の政治家スターリンは実はジョージア出身で、本名はヨシフ・ジュガシヴィリといいます。

065.

麻雀の一般的なルールで、
親が満貫をアガったときに
獲得できる点数は最低何点？

066.

福沢諭吉の自伝『福翁自伝』で、
「親の敵で御座る」
と言われているのは「何制度」？

065.

12000点

麻雀の点数は基本的に「符」と「翻」という2つの値をもとに計算されるの
ですが、計算結果が一定以上となる場合はその通りに計算するのではなく、
あらかじめ決められた点数を獲得することになります。おおむね5翻以上と
なると「満貫」となり、親なら12000点、子なら8000点を得られます。
満貫が最高得点というわけではなく、満貫の上に点数が1.5倍の「跳満」、2
倍の「倍満」、3倍の「三倍満」、4倍の「役満」が存在します。

066.

門閥制度

門閥制度とは、生まれた家によって身分や地位が決まってしまう、江戸時代
の制度のことを言ったものです。
福沢諭吉は大阪の下級武士の家に生まれました。諭吉の父・百助は学問にも
秀でた立派な人物だったそうですが、身分制度に阻まれて不遇のうちに亡く
なりました。「親の敵」というのは比喩ではなく、諭吉の実感から出た言葉
だったわけです。

067.

図のような、
ボディソープを泡立たせる時に
使う入浴アイテムを、
ある花の名前を用いて何という？

写真：りんりん／PIXTA（ピクスタ）

068.

世界的な検定試験の
「BCT」や「HSK」は、
何語の能力をはかるもの？

067.

バスリリー

みなさん一度は目にしたことのあるアイテムかと思いますが、正しく名前を答えることはできたでしょうか。醤油入れの「ランチャーム」や、食パンの袋をとめる「バッグクロージャー」などの、「これに名前あったの？」というような類の知識ではありませんが、普通の道具の普通の名前を知っているということも、同じくらい誇るべきことであると思います。

068.

中国語

BCTはBusiness Chinese Testの略で、その名の通りビジネスで使う中国語の能力を測るものです。HSKは、正式には「漢語水平考試」といい、中国政府公認であることが特徴の中国語の試験です。いずれも中国語の母語話者ではない人が受ける試験です。

069.

空気で膨らませた2つの風船を
棒の両端に付けます。
2つの風船がこのように釣り合っているとき、
左の風船を割るとどうなる?

①左の風船側が下がる
②つり合ったまま
③右の風船側が下がる

070.

【カナ解答可】
近年の教育政策では、
文系と理系を横断的に学ぶ
「STEAM教育」が重視されています。
この「STEAM」は、5つの分野を指す
英単語の頭文字をとったものですが、
それは何かすべて答えてください。

069.

③右の風船側が下がる

左の風船を割る前後で、風船自体（ゴム風船のゴムの部分のことです）の重さ自体は変化しません。ですから、左の風船が割れたということがどのような影響を及ぼすかだけを考えればよいということになります。風船の中の空気には重さがあるため、風船の中の空気は地球からの重力で下向きに引っ張られます。左の風船が割れるとこの力がなくなってしまうので、右の風船側が下がると考えることができるかもしれません。しかし、風船には同時に大気による浮力が重力とは反対向きにはたらいています。浮力は押しのけた空気による重力と同じ大きさはたらきます。ということは、失われる分の重力と浮力がつり合って、棒もつり合ったままになるのでしょうか。ここでさらに、風船内の空気と外の空気の違いについて考える必要があります。風船内の空気は、外の空気に比べて、高い圧力がかかっています。体積と温度が同じであれば圧力が高いほど気体の質量は大きいということになります。つまり、風船の中の気体は外の空気に比べて圧縮されており重たいということです。ここまで考えることができれば、やはり「③右の風船側が下がる」であるということがわかります。もし、風船の代わりに内部に圧力のかからないペットボトルで同じことをすると、違う結果になるということが想像できると思います。

070.

Science,
Technology,
Engineering,
Arts,
Mathematics

「STEAM教育」は、理工系分野の教育を指す「STEM教育」に、Artsの分野を加えたものです。日本語で「アート」というと芸術のことを想起しますが、ここではもう少し幅広い意味をもっており、人文系の一般教養なども含むものとされています。

071.

よい政治が行き届いており、
人々が平和な世の中を楽しんでいることを表す、
「腹」という字を使った四字熟語は何？

072.

有機化学の用語で、天然に存在する
複雑な構造の化学物質などを
最小単位の原料から
人工的に合成することを何という？

071.

鼓腹撃壌

大昔の中国に堯という非常によい政治をする帝がいたとされています。その堯の時代に、ある老人が腹鼓を打ち、大地を踏み鳴らして太平の世への満足な気持ちを歌ったという故事から生まれた言葉です。古典の教科書に、この言葉のもととなった文章が載っていて正解できた、という人もいたかもしれません。

072.

全合成

天然物の全合成は、大学などで研究されている有機化学の重要な分野のひとつです。自然界には微量にしか存在しない物質の大量生産につながったり、有用な反応・化合物の新たな発見につながったりすることもあり、応用の観点からも意義深い分野です。

073.

エンダーマン、クリーパー、スケルトン、
クモ、ゾンビといった敵が登場する、
2009年に最初のバージョンが作られた
人気ゲームは何？

074.

人々の煩悩を打ち払うために怒りの表情をしている、
大日如来の化身として密教で信仰される仏は誰？

073.

『Minecraft』

『Minecraft』は自由にブロックを設置するなどして、サバイバルや建築をさまざまに楽しむことのできるゲームです。ゲームに馴染みの薄い人の中には、『Minecraft』に敵キャラが登場するということを知らなかった人もいたのではないでしょうか?

074.

不動明王

不動明王は密教で特に重視されますが、日本では平安時代から広く信仰されています。千葉県の成田山新勝寺をはじめとして、不動明王を本尊としているお寺も多くあります。
怒りの表情のほか、右手に持った剣や、火炎を背負った姿が特徴的です。

075.

何という映画のポスター？
※会場では正解の映画のポスターが提示されました。

076.

世界初のSMS（ショート・メッセージ・サービス）は、
1992年12月3日に送信されました。
このとき送られたメッセージの内容は何だった？

075.

『君たちはどう生きるか』

『君たちはどう生きるか』は2023年7月に公開となった宮崎駿監督のアニメ映画です。この問題集が出版された今となってはかなり難易度の低い問題に思えるかもしれませんが、この問題が出題されたのは公開の2ヵ月半ほど前なので、当時正解することができた人はかなりアンテナの感度が高い人といえるでしょう。

076.

「メリークリスマス」

そもそもショート・メッセージ・サービス（SMS）とは、携帯電話の番号を知っている相手に対してメッセージを送れるサービスのことです。1992年当時は通信規格として2Gが普及し始めた時期で、携帯電話の多機能化が進んだ時期でもあります。

この世界初のメッセージは、世界的な携帯電話事業者であるボーダフォンのエンジニアによって送信されました。年末イベントの最中だったために「メリークリスマス」というメッセージが選ばれたようです。

077.

この道具が使われる競技は何？

協力：C&F オリーブ

078.

『論語』にある言葉
「学びて時に之を習う、亦ヨロコばしからずや」。
「ヨロコばし」は漢字1文字でどう書く？

077.

ビリヤード

これはラックシートとよばれる道具です。そもそも、ビリヤードの的球を決まった形にセットするために使われる木などでできた枠のことを「ラック」といいます。近年では画像のようなシートが従来のラックの代わりとして用いられることがあります。もし見たことがなくても、特徴的な形から推測できた人もいたかもしれません。

078.

説

「学而時習之、不亦説乎」、訓読すると「学びて時に之を習ふ、亦説ばしからずや」は、『論語』の第1編である「学而編」の冒頭にある言葉です。何かを勉強し、復習して身に着けることは、なんと楽しいことではありませんか、というような意味です。
「説」という字に「よろこぶ」という意味がある印象はあまりないかもしれませんが、「説楽」といった熟語ではその意味で使われています。

2nd day 東京会場の空気感

石野将樹

こんにちは、スタッフの石野です。普段はクイズ制作の仕事をしています。

今回の『WHAT 2023』2nd dayでは、全国7都市（札幌会場は進出者がいなかったため実際には6都市）にサテライト会場を設け、6時間耐久ボードクイズを行いました。私は東京会場のスタッフをさせてもらったのですが、この「サテライト会場」という方式がまず凄いですよね。遠征して参加してくれた方は本当にお疲れ様でした。でも、そういった特別感も含めて楽しんでいただけていたら幸いです。

さて、東京は当日あいにくの大雨だったのですが、会場内は熱気が凄かったことを覚えています。このラウンドで出題されたのは、「映像を見て答える問題」「該当するものを全て答える問題」などなど、一筋縄ではいかない難問ばかり。深くて幅広い知識が必要とされていましたね。にもかかわらず、どの問題にも正解が出ていて、心の中で何度も「スゲー！！」と叫んでいました。会場内の少数正解者に自然と拍手が起こっていたのも印象的でしたね。

そして6時間の戦いの末、Final進出最後の10位の枠が2名同点になるというドラマがありました。近似値クイズで東京の10位の方が涙をのむ結果となりましたが、この時の東京会場は凄く一体感がありましたね。地域ごとの戦いや代表争いなども、今後は見どころとなりそうです。

最後に来年出場する人へのアドバイスを。長丁場なので、休憩時間には気分転換が大事です。服装は温度調整しやすいものがオススメ。そして、クイズが始まる前に必ずお手洗いを済ませておくこと。それでは、また次回お会いしましょう！

Final
stage

種目

3ラウンド制早押しクイズ

見開きで、左ページにクイズ、
右ページに解答が掲載されています。

001. 月面上では1.6メートル毎秒毎秒、地球上では9.8メートル毎秒毎秒ほどの値をとる、物体の落下速度に関わる物理量は何？

002. 本場のドイツではクリスマスまでの間少しずつスライスして食べる伝統がある、ナッツやドライフルーツが入った生地に粉砂糖をまぶしたお菓子は何？

003. 11人兄弟の11男であったことにちなんだ名前をもつ、源平合戦の屋島の戦いで扇の的を射抜いた逸話が残る弓の名手は誰？

004. 定番のBGMにはロシア民謡『コロブチカ』の旋律が使われている、ソ連の科学者によって生み出された落ちものパズルゲームは何？

005. GI勝利の最年少記録と最年長記録をともに保持している、JRAで通算4400勝以上を挙げているベテラン騎手は誰？

006. 1889年のパリ万博の際にはエッフェル塔を閉じ込めたものが売り出された、液体の中を舞い落ちる雪の飾りを楽しむインテリアは何？

007. 日本で初めて執筆活動にワープロを用いた人物とされる、『壁』や『砂の女』などの前衛的な小説で知られる作家は誰？

001. 重力加速度

002. シュトーレン

003. 那須与一

004. 『テトリス』

005. 武豊

006. スノードーム

007. 安部公房

008. 来年度（2024年度）に統合され「東京科学大学」という新しい大学になる予定の2つの国立大学は何と何？

009. 代表的な合併症はまとめて「えのき」「しめじ」とよばれる、インスリンの不足などにより、血糖値の高い状態が続く病気は何？

010. 本編終了後には原作者が実際にお店を訪れる「ふらっとQUSUMI」というコーナーが挿入される、松重豊主演の人気ドラマシリーズは何？

011. 南海電鉄の「ラピート」やJR西日本の「はるか」に乗って向かうことができる、大阪湾に浮かぶ国際空港は何？

012. 旅行で訪れた北海道と、子供時代を過ごした九州の情景をもとに北原白秋が作詞した、「あかしや」や「山査子」といった植物が歌詞に登場する童謡は何？

013. 釜、送り歯、天びん、はずみ車、糸案内といえば、学校の授業でも使い方を教わる何という機械の部品？

014. 日本と中国の地理的関係を示す際にも使われる、「幅の狭い川や海を隔てて隣り合っている」という意味の四字熟語は何？

008. 東京工業大学と東京医科歯科大学

009. 糖尿病

010. 『孤独のグルメ』

011. 関西国際空港

012. 『この道』

013. ミシン

014. 一衣帯水

015. 電気などを使わず手軽に香りの広がりを楽しむことができる、アロマオイルを入れた瓶にスティックを挿したディフューザーの一種は何？

016. ゲッティンゲン大学の教授を長年にわたってつとめ、高木貞治などの弟子を育てた、1900年に「23の問題」を発表し、20世紀の数学に大きな影響を与えたドイツの数学者は誰？

017. 政敵を排除する手段として悪用されたため廃止されることになった、古代ギリシアのアテネで独裁者の出現を防止するため設けられた投票制度を何という？

018. 日本にある能舞台のうちおよそ3分の1が集中している、かつて世阿弥が島流しにされた新潟県の島はどこ？

019. 劇中歌の「ナートゥ・ナートゥ」は今年（2023年）のアカデミー歌曲賞を受賞した、イギリス植民地時代のインドを舞台とするS・S・ラージャマウリ監督の映画は何？

020. 最多優勝を記録している選手たちは「5勝クラブ」と表現される、例年7月ごろに開催される世界最高峰の自転車ロードレースの大会は何？

021. ブーム当時は人気のあまり「日本から100円玉がなくなる」とまでいわれた、上から迫ってくる宇宙人を倒していく往年のアーケードゲームは何？

015. リードディフューザー

016. ダフィット・ヒルベルト

017. 陶片追放

018. 佐渡島

019. 『RRR』

020. ツール・ド・フランス

021. 『スペースインベーダー』

022. 2000年代に大統領をつとめたルイス・イナシオ・ルーラ・ダ・シルヴァが、今年（2023年）1月に再び大統領となった国はどこ？

023. 長編デビュー作の『遠い山なみの光』は長崎とイギリスを舞台としていた、代表作に『日の名残り』『わたしを離さないで』があるノーベル賞作家は誰？

024. アニメ『サザエさん』のタラちゃんにとってのイクラちゃんのような、互いの祖父母が兄弟姉妹の関係にある親戚を何という？

025. 僧侶でありながら恵信尼という女性を妻とし、6人の子供をもうけたと伝わる、鎌倉時代に仏教の一派 浄土真宗を開いた人物は誰？

026. 厚い大気のほとんどを二酸化炭素が占め、その温室効果により表面温度がおよそ460℃と非常に高くなっている太陽系の惑星は何？

027. 2021年から3度にわたり3つのジブリ作品とコラボしてきた、上質な革製品で名高いスペイン王室御用達のブランドは何？

028. 唐の時代からは並行して武官を登用する「武挙」も行われた、中国で清の時代まで実施された高級官吏の採用試験を何という？

022. > ブラジル

023. > カズオ・イシグロ

024. > はとこ

025. > 親鸞

026. > 金星

027. > LOEWE

028. > 科挙

029. 野球のスローイングの練習に用いられることもある、角を持って振り下ろすことで「パン」と音が鳴る、新聞紙などを折って作るおもちゃは何？

030. 目の錯覚を利用した「筆触分割」という技法で、屋外の明るい光をキャンバス上に表現した、モネやルノワールに代表される画家の一派は何？

031. 上下が食い違った形のくちばしを使い、松ぼっくりから種子を取り出して食べる、日本では冬に見られる小鳥は何？

032. ミニバンの「ステップワゴン」や、軽自動車の「N」シリーズを展開している自動車メーカーはどこ？

033. 海外では「Saint-Ex（サンテックス）」とよばれることもある、パイロットとしての経験をもとに『星の王子さま』などの小説を著した作家は誰？

034. 日々の食事を中心に中年のゲイカップルの同棲生活を描いた、『モーニング』で連載されているよしながふみの漫画は何？

035. 日本の奥羽山脈の2倍以上の長さをもつ、イタリア半島を縦断する大山脈は何？

029. 紙鉄砲

030. 印象派

031. イスカ

032. 本田技研工業

033. サン゠テグジュペリ

034. 『きのう何食べた？』

035. アペニン山脈

036. 夏の明け方や夕方に「カナカナカナ」という声で鳴く、少し緑がかった体を持つセミは何？

037. ペンチのような構造の持ち手を握るとすくったものを落とすことができる、アイスクリームやポテトサラダを丸く盛り付けるための道具は何？

038. 同じく日本代表として活躍する田中碧とは小学校からの幼馴染である、現在（2023年）プレミアリーグのブライトンに所属するサッカー選手は誰？

039. 地方自治体の事務について疑惑などがある際に、議会がその調査のために設置する委員会のことを、設置の根拠となる条文の条番号から何という？

040. 『瞳へ落ちるよレコード』『おいしいパスタがあると聞いて』『瞬間的シックスセンス』『青春のエキサイトメント』といったアルバムをリリースしているミュージシャンは誰？

041. とまこまいスケートまつりではドラム缶の焼き台を使って調理される、羊の肉を野菜と一緒に焼いて食べる北海道の郷土料理は何？

042. 選挙に勝利し組閣の寸前だった鳩山一郎も対象になった、戦後の日本でGHQが政治の要職などから好ましくない人物を締め出した出来事を何という？

036. ヒグラシ

037. ディッシャー

038. 三笘薫

039. 百条委員会

040. あいみょん

041. ジンギスカン

042. 公職追放

043. 故郷の岐阜からトラックに運ばれて東京に来てしまった黒猫と、人間の字が読める野良猫の交流を描いた、ロングセラーの児童文学作品は何？

044. 緯度30度付近の亜熱帯域から赤道に向かって吹く、かつて帆船で旅をするために利用された恒常風は何？

045. 男子はコンサドーレやSC軽井沢クラブ、女子は中部電力やロコ・ソラーレといったチームが国内の強豪として知られるスポーツは何？

046. 発見時には単独の物質として取り出すことができず、治療効果が示されたのはそれから12年も後のことであった、さまざまな病気の治療に用いられる世界初の抗生物質は何？

047. シリーズで初めて男の子のメインキャラが登場している、現在（2023年5月）放送中の『プリキュア』シリーズの作品は何？

048. 科学の分野では「溶液」、ビジネスの分野では「問題の解決策」といった意味で用いられる英単語は何？

049. 現地には「1日7枚食べれば健康になる」という言い伝えがある、タコスなどのメキシコ料理に使われる薄焼きのパンは何？

043. 『ルドルフとイッパイアッテナ』

044. 貿易風

045. カーリング

046. ペニシリン

047. 『ひろがるスカイ！プリキュア』

048. solution

049. トルティーヤ

050. 館山の布良海岸で漁業に従事する人々を描いた、明治時代の洋画家・青木繁の代表作は何？

051. 今年（2023年）Netflixで配信予定の実写ドラマ『ONE PIECE』ではロロノア・ゾロを演じる、名前に剣豪の「剣」という字が入る若手俳優は誰？

052. 認識や識別を得意としていた従来のAIとは異なり、学習に基づいてさまざまな画像や文書を作り出すことができる、近年のトレンドとなっているAIは「何AI」？

053. 未然形は「ら」、連体形は「る」、已然形と命令形は「れ」と活用する、完了や存続を意味する古文の助動詞は何？

054. 東側の沖合1.5kmほどのところに現れる真っ白な砂浜が観光スポットとして人気を集める、鹿児島県で最も南に位置する奄美群島の島は何？

055. ダン・アリエリーやダニエル・カーネマンが専門としている、人間の行動の不合理さに着目した経済学の分野は何？

056. 内びんと外びんの間を真空状態にすることで熱が伝わるのを防ぐ、飲み物などの保温や保冷に適した容器のことを何という？

050. 〉 『海の幸』

051. 〉 新田真剣佑

052. 〉 生成系AI

053. 〉 り

054. 〉 与論島

055. 〉 行動経済学

056. 〉 魔法びん

057. 中心に線を引いて切っていくと1つの大きな輪ができあがる、紙テープなどでも簡単に作ることができる表裏がない図形は何？

058. 今月（2023年5月）、最新作の「ティアーズ オブ ザ キングダム」が発売される、剣士のリンクを主人公とする任天堂のゲームシリーズは何？

059. アクを抜くため米ぬか・赤唐辛子と一緒に茹でられることが多い、ご飯に炊き込んだり煮物にしたりして食べる春の味覚は何？

060. 産業革命後のイギリスで手工芸の復興を目指して展開された、デザイナーのウィリアム・モリスが主導した運動は何？

061. 発祥国のオランダでは医療器具としても用いられていた、江戸時代に平賀源内が日本に広めたとされる摩擦によって電気を起こす機械は何？

062. 1917年の設立時は東京・駒込に、現在は埼玉県和光市に本部を置いている、自然科学に関する幅広い研究を行っている研究所は何？

063. 筋骨隆々の身体から繰り出す上手投げは「ウルフスペシャル」と称された、歴代3位の優勝回数を誇る大相撲の元横綱は誰？

057. メビウスの帯

058. 『ゼルダの伝説』

059. たけのこ

060. アーツ・アンド・クラフツ運動

061. エレキテル

062. 理化学研究所

063. 千代の富士

064. ゲームコミュニティにおける不和の解決を目的としていることから名前がつけられた、ゲーマーの間で広く使われているコミュニケーションツールは何?

065. 前後の時間帯には「X」や「O」といった派生番組が放送されている、ニッポン放送のラジオ番組は何?

066. 第二次大戦後に制作したポスターで平和の象徴としての鳩のイメージを世界に広めた、『泣く女』や『ゲルニカ』などの作品が有名な画家は誰?

067. SNSにコーディネート写真をアップする際、ハッシュタグによく使われる、「今日の服装」という意味の言葉を略した英語のスラングは何?

068. スナック菓子の「とんがりコーン」やカレールーの「バーモントカレー」を販売している大手食品メーカーはどこ?

069. 天守閣を覆う赤みを帯びた瓦が特徴的な、幕末には戊辰戦争の激戦地となった福島県の城は何?

070. パウロ・コエーリョの小説『アルケミスト』で、エジプトに向かって旅に出る羊飼いの少年の名前は何?

064. **Discord**

065. **『オールナイトニッポン』**

066. **パブロ・ピカソ**

067. **ootd**

068. **ハウス食品**

069. **鶴ヶ城**

070. **サンチャゴ**

071. 1910年の接近時には「すべての生き物が窒息死する」といった噂が流れた、約75年周期で地球に近づく彗星は何？

072. 日本で売られている自転車の多くで右ハンドルのブレーキが対応しているのは、前輪、後輪のどちら？

073. 無事に帰ってきた子狐を前にした「ほんとうに人間はいいものかしら。」というお母さん狐のセリフで物語が終わる、新美南吉の童話は何？

074. 漫画界に今日のアシスタント制を導入した人物でもある、『火の鳥』や『鉄腕アトム』などの作品を残した漫画家は誰？

075. 「此比都ニハヤル物」という一節で始まる、14世紀に建武の新政を批判するため京都に掲げられた文章は何？

076. 来年（2024年）春、ロストリバーデルタとアラビアンコーストの奥にオープンする予定の、東京ディズニーシーの新たなテーマポートは何？

077. 赤道付近にあるにもかかわらず山頂には万年雪が積もっている、アフリカ大陸の最高峰であるタンザニア北東部の山は何？

071. ハレー彗星

072. 前輪

073. 『手袋を買いに』

074. 手塚治虫

075. 二条河原落書

076. ファンタジースプリングス

077. キリマンジャロ

078. テレビ中継は国民の約3人に1人が視聴するなど、アメリカ国内で絶大な人気を誇る、アメリカンフットボール・NFLのチャンピオンを決めるイベントは何？

079. 26歳の年に、ブラウン運動、特殊相対性理論、光量子仮説に関する論文を立て続けに発表した、20世紀を代表する物理学者は誰？

080. 『素敵な選TAXI』『架空OL日記』『ブラッシュアップライフ』などのドラマで脚本を手がけたお笑い芸人は誰？

081. 接頭記号、国記号、出版社記号、書名記号、チェック数字の5つの要素で構成されている、流通の合理化などの目的で出版物に割り振られる国際的な番号は何？

082. BEAMSやUNITED ARROWSのように、複数のブランドから店のコンセプトに合ったアイテムを仕入れて販売する店を何という？

083. 文庫レーベルの「KAエスマ文庫」の運営も行っている、『響け！ユーフォニアム』や『ヴァイオレット・エヴァーガーデン』などの作品で知られるアニメ制作会社はどこ？

084. 『千夜一夜物語』の話の中にもたびたび登場する、アッバース朝の第5代カリフとして同王朝の最盛期を現出した人物は誰？

078. スーパーボウル

079. アルベルト・アインシュタイン

080. バカリズム

081. ISBN

082. セレクトショップ

083. 京都アニメーション

084. ハールーン・アッラシード

085. もともとは喘息などの治療に効果のある薬膳料理であった、アーモンドエッセンスを使って手軽に作ることもできる中華料理の定番デザートは何？

086. 今年（2023年）10月末に建て替えのため閉場する予定であり、現在（2023年5月）は14ヵ月にわたる「さよなら公演」を行っている、歌舞伎や文楽の上演で有名な東京都千代田区の劇場は何？

087. サンスクリット語に由来する「曼珠沙華」という別名がある、秋の初め頃に赤い放射状の花を咲かせる植物は何？

088. メラトニンを分泌する松果体や、自律神経の中枢を担う視床下部などが位置する、人間などの脊椎動物の脳の一部分は何？

089. タピオカ式、水洗い式、ヌカ式などの方法であらかじめ表面のぬかを取り除き、研ぎ洗いする手間を省けるようにしたお米を何という？

090. 積出港であった鞆ケ浦や沖泊と共に世界遺産に登録されている、16〜17世紀に世界の銀の3分の1を産出していた島根県の銀山は何？

091. 体をボードごと水中に沈めて波の下をくぐり抜ける、サーフィンにおけるテクニックを何という？

085. 杏仁豆腐

086. 国立劇場

087. ヒガンバナ

088. 間脳

089. 無洗米

090. 石見銀山

091. ドルフィンスルー

092. 姿をうつした写真は一枚も残っておらず、有名な肖像画は弟といとこの顔をもとに描かれたものだという、薩摩藩の中心人物として明治維新に貢献した政治家は誰？

093. 見送りの人と別れる場面には「行春や」で始まる句が、旅の結びの場面には「行秋ぞ」で終わる句がそれぞれ記されている、松尾芭蕉による俳諧紀行は何？

094. 肉、魚、野菜の3つを扱えることに名前を由来する、家庭用によく用いられる包丁は何？

095. 年に8回、FOMCという委員会の会合を開き金融政策の決定を行う、アメリカの中央銀行制度の中枢を担う機関は何？

096. 昔の空港の案内板のようなパタパタと切り替わるセットでランキングが発表された、黒柳徹子と久米宏が司会を務めた往年の音楽番組は何？

097. 医師として俳優・石原裕次郎を受け持ったこともある、日本人初の女性宇宙飛行士となった人物は誰？

098. プレイヤーは魔法使いとなって1800年代の『ハリー・ポッター』の世界を冒険することができる、今年（2023年）2月にリリースされたオープンワールドのゲームは何？

092. 西郷隆盛

093. 『おくのほそ道』

094. 三徳包丁

095. FRB

096. 『ザ・ベストテン』

097. 向井千秋

098. 『ホグワーツ・レガシー』

---

099. すでに値や式が入力されたセルを参考に、他のセルに連続したデータを自動で入力する表計算ソフトの機能は何？

---

100. 昨年（2022年）、7年ぶりに新たな世界観の小説『香君』を刊行した、『鹿の王』や「守り人」シリーズといったファンタジー作品で知られる小説家は誰？

---

101. 兵庫県で炭酸鉱泉を発見したイギリス人の名前に由来する、赤色のラベルでおなじみのアサヒ飲料の炭酸飲料ブランドは何？

---

102. yがxの関数であるとき、xのとりうる値の範囲を「定義域」というのに対し、yのとりうる値の範囲を何という？

---

103. 「華やかな灯りをともす儀式」といった意味がある、結婚式のことを上品にいった言葉は何？

---

104. 東洋の漆器をこよなく愛し「ダイヤモンドよりも漆が好き」と語ったという逸話が残る、18世紀後半にオーストリア大公となり「女帝」と称された人物は誰？

---

105. 赤ちゃんが生まれてから1ヵ月後の時期に、今後の成長を願い親子そろって神社へ参拝する風習を何という？

---

099. オートフィル

100. 上橋菜穂子

101. ウィルキンソン

102. 値域

103. 華燭の典

104. マリア・テレジア

105. お宮参り

106. 昨年（2022年）話題を呼んだ『力と交換様式』や、『トランスクリティーク』『日本近代文学の起源』などの著書を発表している思想家は誰？

107. ギターなどが該当する楽器の分類にも名を冠している、卵型の胴や直角に折れ曲がったネックを特徴とする弦楽器は何？

108. YouTubeチャンネル「LEOの遊び場」で芸能界屈指のゲームの腕前を披露しているアイドルは誰？

109. 熱い源泉を冷ますための「湯もみ」が名物となっている、群馬県に位置する温泉はどこ？

110. 「エボシ」や「パンサー」などの種類はペットとしても人気がある、周囲の環境や気分に合わせて体色を変化させる生態をもつ爬虫類は何？

111. 体の正面に上げたボールを手のひらで押し出すように叩いて打つ、バレーボールの基本的なサーブは何？

112. ゼウスの頭の中から武装した大人の姿で生まれた、知恵や戦争を司るギリシア神話の女神は誰？

106. 柄谷行人

107. リュート

108. 山田涼介

109. 草津温泉

110. カメレオン

111. フローターサーブ

112. アテナ

113. 「このマンガがすごい！」や「このミステリーがすごい！」といった、書籍に関するランキングを毎年発表している出版社はどこ？

114. 596年には日本初の本格的な寺院とされる飛鳥寺を建立した、大臣として推古天皇を補佐し、蘇我氏繁栄の礎を築いた豪族は誰？

115. 歩き方や耳の穴の形を用いたものも開発されている、顔や指紋といった本人に固有の特徴を用いて、個人を認証する仕組みを何という？

116. 2004年からマフムード・アッバスが議長をつとめている、長年パレスチナで反イスラエル運動を続けている組織は何？

117. 商品についてくる「森のおはなし」というストーリーブックで世界観を知ることができる、「ショコラウサギ」などのお人形をハウスに置いて遊ぶエポック社のおもちゃは何？

118. 「おまえたち」という名前のおしゃれなオフィシャルウェブサイトで情報を発信している、山内健司と濱家隆一の二人からなるお笑いコンビは何？

119. VR技術を用いたリハビリによって症状を和らげる研究が進められている、手術や事故で失われたはずの手足に痛みを感じてしまう現象を何という？

113. 宝島社

114. 蘇我馬子

115. バイオメトリクス認証

116. PLO

117. シルバニアファミリー

118. かまいたち

119. 幻肢痛

120. コロナ以前は参加者の半分近くを日本人が占めていた、毎年12月にハワイで開催される世界最大級の市民マラソン大会は何？

120. **ホノルルマラソン**

編集担当として意識したこと、編集してみて

宮原 仁

　WHAT2023の動画編集を担当した宮原です。個人的な話をすると、私は動画編集の経験がこの会社に入るまでなかったので（WHAT2023開催時点で編集経験1年2ヵ月くらい）非常に緊張しました。昨年の乾くんを見ていたこともあり、3rd day直後の生放送でふくらPが「来月動画が出ます」とか言ってるのを聞いて、心中「編集する人は大変だな〜」と現実逃避したりしていました。実際作業を始めてみるとやっぱり大変で、まず普段のQuizKnockの動画とは素材の長さが段違いなので、編集ソフトの動きがいつもより重かったです。それでも間に合ったのは2回目だったということが大きいと思います。テロップの使い方とか、どのシーンをどのくらいの時間にするかとか、WHAT2022の動画をめちゃくちゃ参照しながら編集を進めていきました。第1回を仕上げた乾くんはすげえな〜と改めて思います。とはいえギリギリだったのも本当で、3rd dayで「勝ち抜け人数6人」のテロップと10人の顔が表示されるところとか、松﨑くんが前回の話をするときに映像が出てる演出とかは"6月15日"に追加したものだったりします（公開日は6月17日）。よかったら「これ2日前までなかったのか」とか思いながら見てみてください。総括っぽいものを書くと、非常に大変でしたが、若いプレイヤーの目標になる大会に携われたのは、クイズプレイヤーでもある身からするととても楽しかったですし、編集者としても成長することができました。来年編集する人も頑張ってください。私はたぶんやらないから。

Bonus stage

—— 種目 ——

早押しクイズ

本大会では「Final stage」用に200問のクイズが用意されていましたが、
120問目で決着がつきました。ここからは、まだ勝負が続いていれば読まれていた
幻の未使用クイズ80問を掲載いたします！

見開きで、左ページにクイズ、
右ページに解答が掲載されています。

121. 洋風建築のウッドデッキよりせまく、ベンチのように腰掛けて使われることが多い、和風の住宅で屋外に張り出すように設けられた雨ざらしの縁側を何という?

122. 主人公の弟が遺書に書きのこす「僕は、貴族です」という言葉も有名な、戦後に没落した貴族の娘かず子を主人公とする太宰治の小説は何?

123. 合金のステンレスが錆びにくいのも同様の仕組みによる、濃硝酸に入れた鉄などに見られる、表面に酸化被膜を生じ活性を失った状態のことを何という?

124. 「シュープレム」「みやび」「クリアウェルネス」といったシリーズが販売されている、青や白のパッケージが印象的なKOSÉのスキンケアブランドは何?

125. パラシュートをモーターボートに引いてもらい、凧揚げのような形で海の上をフライトする、人気のマリンアクティビティは何?

126. その演奏技術と美貌はリサイタルの聴衆を失神させてしまうほどであったという、「ピアノの魔術師」として一世を風靡したハンガリーのピアニストは誰?

127. カトリック教会のミサにおいて、キリストの血と肉を象徴するぶどう酒とパンを口にする儀式を何という?

121. 濡れ縁

122. 『斜陽』

123. 不動態

124. 雪肌精

125. パラセーリング

126. フランツ・リスト

127. 聖体拝領

128. ヒロインの緑川ルリ子を浜辺美波が、主人公の本郷猛を池松壮亮が演じた、今年（2023年）3月公開の映画は何？

129. 大パノラマで全体を見渡せるブラジル側と、すぐ近くで迫力を感じられるアルゼンチン側の2つのコースで観光が行われる、世界三大瀑布に数えられる滝は何？

130. 2012年に発見され、その翌年、存在を予言した2人の科学者にノーベル賞が与えられた、素粒子の質量の起源とされる粒子は何？

131. 現存する日本最古の地球儀の製作者でもある、中国の授時暦をもとに日本独自の暦「貞享暦」を作り上げた江戸時代の天文学者は誰？

132. 琵琶湖疏水の開通式の際の昼食をきっかけに明治天皇に非常に気に入られ、魚へんに天皇の「皇」という字で書かれるようになった魚は何？

133. レース中の接触・転倒が多く、選手はヘルメットやグローブの着用が義務付けられている、1周111.12mのトラックで行われるスケート競技は何？

134. 日本の市町村で唯一、太平洋と日本海の両方に面している、北海道の渡島半島に位置する町はどこ？

128. 　『シン・仮面ライダー』

129. 　イグアスの滝

130. 　ヒッグス粒子

131. 　渋川春海

132. 　ヒガイ

133. 　ショートトラック

134. 　八雲町

135. 昨年（2022年）、組み立て難易度が高い大人向けの商品を扱う「Icons」というブランドが新設された、デンマークの企業が販売するブロック玩具は何？

136. 月世界への旅行を描いた『夢』という小説を残している、惑星の運動に関する3つの法則を見出したドイツの天文学者は誰？

137. 明治期の作家・坪内逍遥は『おしん物語』というタイトルで日本風にアレンジした、カボチャの馬車やガラスの靴が登場する有名な童話は何？

138. 今年（2023年）3月に俳優の中村倫也との結婚を発表した、「ミトちゃん」の愛称で知られる日本テレビのアナウンサーは誰？

139. スイスのチョコレートメーカー・バリーカレボーが10年以上かけて開発した、天然由来のピンク色が特徴のチョコレートは何？

140. 「とびだす絵本とひみつのコ」や「青い月夜のまほうのコ」と題したアニメ映画が公開されている、サンエックスのキャラクターシリーズは何？

141. 古第三紀、新第三紀、そして現在を含む第四紀に分けられる、哺乳類や被子植物が大きく発展した地質時代における区分は何？

135. レゴ

136. ヨハネス・ケプラー

137. 『シンデレラ』

138. 水卜麻美

139. ルビーチョコレート

140. すみっコぐらし

141. 新生代

142. 指でテーブルをトントンと叩くことで意思表示することができる、ポーカーにおいて、チップを賭けずに次の人へ手番を回すことを何という？

143. 日本人の食生活の欧米化に伴って1970年頃に開始された、米の生産量を制限する政策を何という？

144. 世界初のものや日本初のものには現在のように日付や地名は書かれていなかった、切手の再利用を防ぐために押されるスタンプを何という？

145. シンプルな「かがみ跳び」、空中で体を反らせる「反り跳び」、空中を歩くように脚を回転させる「はさみ跳び」という3種類の跳び方がある陸上の跳躍競技は何？

146. 「サラリーマンをしていては発掘調査の時間が取れない」と考え、納豆の行商人として働きながら遺跡の調査を行った、1949年に岩宿遺跡を発見した考古学者は誰？

147. 英語の「伝達」と「抵抗」を組み合わせた名前をもつ、電気信号を増幅したり電流をスイッチングしたりすることができる半導体素子は何？

148. 実業家であった父・直温との対立がしばしば創作の源となった、『暗夜行路』などの作品を残した白樺派の作家は誰？

142. チェック

143. 減反政策

144. 消印

145. 走幅跳

146. 相沢忠洋

147. トランジスタ

148. 志賀直哉

149. 1804年にはナポレオンの戴冠式の舞台となった、パリ中心部のシテ島に位置するフランスの大聖堂は何?

150. 幕末の浮世絵界で人気を二分した月岡芳年と落合芳幾はともに彼の弟子にあたる、巨大な骸骨を描いた『相馬の古内裏』などの作品で知られる浮世絵師は誰?

151. 山梨県忍野村の森の中に黄色い外壁の本社工場が位置する、産業用ロボットで世界一のシェアを持つ企業は何?

152. 昨年(2022年)、新メンバーオーディションを経て6人体制での「第二章」を新曲『Join Us!』でスタートさせた、「リトグリ」の略称でよばれるボーカルグループは何?

153. 医学者のアレクシス・カレルと協力して人工心臓を開発した業績でも知られる、人類初の大西洋単独無着陸横断飛行に成功したアメリカのパイロットは誰?

154. 細かく挽いた粉に高い圧力をかけ、短い時間で急速に抽出される、濃厚な風味が楽しめるコーヒーの淹れ方は何?

155. 初代のものには「ウラニユム鉱山を発見」「牧場のあとつぎになる」などと書かれたマスがあった、タカラトミーが販売する人気のボードゲームは何?

149. ノートルダム大聖堂

150. 歌川国芳

151. ファナック

152. Little Glee Monster

153. チャールズ・リンドバーグ

154. エスプレッソ

155. 人生ゲーム

156. サウジアラビアと国交を断絶しているイランの国民もこの ときは入国を許される、イスラム教徒が一生に一度行うべ きとされる聖地メッカへの巡礼を何という？

157. 1960年に創業した大学新聞専門の広告代理店をルーツに もつ、「SUUMO」「スタディサプリ」「リクナビ」など様々 なサービスを手掛けている企業は何？

158. 1901年に第1回ノーベル化学賞を受賞した、希薄溶液の 浸透圧に関する法則に名を残すオランダの化学者は誰？

159. 幕末まで貴族や武士の嗜みとして盛んに行われた、飼い慣 らしたある鳥を使って他の鳥などを捕らえる狩りの一種は 何？

160. 大分県の孤島・角島を訪れたミステリ研究会の学生たちが 連続殺人事件に巻き込まれていく、新本格ムーブメントの 端緒となった綾辻行人の小説は何？

161. 今年（2023年）のWBCで日本代表の1番打者として活 躍した、日本人の母をもつカージナルス所属のメジャーリ ーガーは誰？

162. 砂浜がやせ細ることを防止するため「サンドバイパス」と いう手法が導入されている、白砂青松の景観が美しい京都 府北部に位置する景勝地は何？

156. ハッジ

157. リクルート

158. ファントホッフ

159. 鷹狩り

160. 『十角館の殺人』

161. ラーズ・ヌートバー

162. 天橋立

163. 代表的なものにインターロイキンやインターフェロンがある、白血球などの免疫細胞から分泌され、細胞間の情報伝達を担うタンパク質を何という？

164. いわゆる日本の三大メガバンクのうち、「フレッシュグリーン」と「トラッドグリーン」という2つの緑色をコーポレートカラーとしている銀行はどこ？

165. 出身地であるニューオーリンズの国際空港に名が冠されている、「サッチモ」の愛称で親しまれたジャズ・トランペット奏者は誰？

166. 「胸」の後につくと「心の中にある考え」のことを、「舌先」の後につくと「うわべだけの巧みな言葉」のことを表す漢字2文字の言葉は何？

167. 唐の建国者である李淵とはいとこ同士の関係にある、高句麗遠征や大運河の建設を行った隋の第2代皇帝は誰？

168. 3つの顔は本来の戦いの神のイメージからは外れた憂いのある表情をしている、奈良の興福寺が保有する国宝の仏像は何？

169. 野球漫画の登場人物で、『ダイヤのA』の御幸一也、『MAJOR』の佐藤寿也、『ドカベン』の山田太郎に共通するポジションはどこ？

163. サイトカイン

164. 三井住友銀行

165. ルイ・アームストロング

166. 三寸

167. 煬帝

168. 阿修羅像

169. キャッチャー

170. 1980年にアメリカ人のテッド・ターナーが創業した、200以上の国と地域に向けてニュース番組を24時間放送しているテレビ局は何？

171. 理髪師イワンの朝食の中から人間の顔のある一部分が見つかったことに始まる騒動を描いた、ニコライ・ゴーゴリの短編小説は何？

172. 細菌性感染症とウイルス性感染症のうち、抗生物質が有効なのはどちら？

173. 将棋の格言で、「玉の腹から打て」「成らずに好手あり」「千鳥に使え」といわれる駒は何？

174. フュン島やシェラン島などの島々と、ユトランド半島の大部分を領土とする北欧の国はどこ？

175. 座右の銘である「俺は最強だ」という言葉をラケットに貼ってプレーした、今年（2023年）1月に世界ランキング1位のまま引退した日本の車いすテニス選手は誰？

176. 層雲峡や高千穂峡といった観光地の独特な景観を作り出している、溶岩が冷え固まって収縮し、割れ目が細い柱のようになった地形を何という？

170. CNN

171. 『鼻』

172. 細菌性感染症

173. 銀将

174. デンマーク

175. 国枝慎吾

176. 柱状節理

177. 今年（2023年）7月をめどにU-NEXTの中にサービスが移管される、TBSやテレビ東京のコンテンツを中心に配信している動画配信サービスは何？

178. ここ1年は25000円台から29000円台のあいだを推移している、225の銘柄から算出される日本の株価指数は何？

179. 第一次・第二次桂太郎内閣で外務大臣を務め、日英同盟締結や関税自主権の回復を実現させた外交官は誰？

180. 昭和の音楽シーンを彩った女性歌手で、『かもめが翔んだ日』を歌った真知子と、『My Revolution』を歌った美里に共通する苗字は何？

181. 今年（2023年）7月から「懐玉・玉折」編と「渋谷事変」編を描くテレビアニメ第2期が放送される、芥見下々の人気漫画は何？

182. 選手のプレーを邪魔しないポロのユニフォームがヒントとなって生まれた、襟の先端をボタンで止められるタイプのシャツを何という？

183. 労働災害の保険局に勤務しながら小説を書いていた、『城』や『変身』などの不条理を描いた作品で知られるプラハ生まれの小説家は誰？

177. Paravi

178. 日経平均株価

179. 小村寿太郎

180. 渡辺

181. 『呪術廻戦』

182. ボタンダウンシャツ

183. フランツ・カフカ

184. パッケージには「手塩にかけた心にしみる梅ぇ味」というコピーが掲載されている、ノーベル製菓が販売する梅味の商品シリーズは何？

185. 青い状態で輸入されたバナナの追熟にも用いられる、最も単純な構造をもつアルケンは何？

186. まったくお金を持っていないことを、「寒い」という漢字を用いた漢字3文字の言葉で何という？

187. アラベスクなどのポーズや跳躍の動きと組み合わせて披露されることが多い、バレエにおいて男性が女性を持ち上げる技を何という？

188. 部位によって適した調理法が異なり、それぞれ「煮中、漬け尻、生かしら」という言葉で表現される、おでん、たくあん、刺身のつまなどの形で食べられる野菜は何？

189. 東京帝国大学では長岡半太郎による指導のもと研究に打ち込んだ、大正初期に強力な磁石の「KS鋼」を開発し「鉄の神様」の異名をとった科学者は誰？

190. テレビ朝日の番組『フリースタイルティーチャー』では青山テルマとともに司会を担当している、ヒップホップグループ・キングギドラの一員としても活動するラッパーは誰？

184. 男梅

185. エチレン

186. 素寒貧

187. リフト

188. 大根

189. 本多光太郎

190. Zeebra

191. 南米の国ベネズエラの通貨や正式な国名に名が冠されている、19世紀にラテンアメリカ諸国の独立を指導した人物は誰？

192. 今年（2023年）1月、VTuberとして初めて「THE FIRST TAKE」に出演した、高い歌唱力で知られるホロライブ所属のバーチャルアイドルは誰？

193. 先月（2023年4月）、日本バンタム級2位の実力者を判定勝ちで下し、プロボクサーとしてのデビュー戦を勝利で飾った、キックボクシングで42戦無敗という成績を残した格闘家は誰？

194. 投資において、借入金を併用し自己資金よりも大きな額の取引をすることを、てこの原理になぞらえて「何をかける」という？

195. 王貞治が「お菓子のホームラン王です」と紹介するCMで有名になった、亀屋万年堂のロングセラー商品は何？

196. 木材に穴を掘って暮らすフナクイムシの生態をヒントに考案された、トンネルの建設に使われる工事の方法は何？

197. 大正から昭和期にかけて流行の最先端を行く若い男性・女性を指して用いられた、カナ2文字ずつの略語は何と何？

191. シモン・ボリバル

192. 星街すいせい

193. 那須川天心

194. レバレッジをかける

195. ナボナ

196. シールド工法

197. モボ・モガ

198. チェーンソーの使用中に起こる、刃が固いものにぶつかるなどして勢いよく跳ね返る現象を何という？

199. 江戸時代中期から甲州街道の最初の宿場町として発展した、都庁をはじめとする高層ビルがそびえる東京の副都心はどこ？

200. 巻末には「ごーふる–あとがきにかえて」と題した散文が収められている、エッセイストとしても人気の歌人・穂村弘の第一歌集は何？

198. キックバック

199. 新宿

200. 『シンジケート』

—— 問題チーフ ——

森慎太郎

—— 問題サブチーフ ——

井口凜人

—— 問題コアスタッフ ——

大治有人　　　　岸本悠吾　　　　山川李成

上野李王　　　　河村拓哉　　　　東問

—— 問題作成スタッフ ——

川向聡	大塚澄佳	長野春太	植木陽平	宮崎遼河
木村真実子	片山智	木村秀太	村上真優子	川上諒人
直路	徳久倫康	寺内一記	新垣与主呼	トラシゲ
石野将樹	宮原仁	藤田創世	大和田太郎	早川航太
渡邉慶伍	山本祥彰	Y	乾	志賀玲太
東言	山﨑貴矢	清原悠生	鹿野	秋山夏海
市川航太郎	塗野めう	岡﨑爽	広井隆	山森彩加
チャンイケ	佐藤正	うきょう	毛利優希	徳永百華
直井	清水日向光	於島	ほそみがく	高山将人
菜葵	和歩	中川朝子	高松慶	ふくらP
後藤知仁	まるか	野口みな子	こうちゃん	

ブックデザイン　長﨑 綾（next door design）

QuizKnock

クイズ王・伊沢拓司率いる東京大学発の知識集団。
「楽しいから始まる学び」をコンセプトに、森羅万象
にクイズで楽しく触れられるWebメディア、エンタメと
知を融合させた動画コンテンツを提供するYouTube
チャンネル、直感的な楽しみを通じて知力を鍛える
ゲームアプリなど様々なコンテンツを展開中！ 公式
YouTubeチャンネルの登録者数は215万人をほこる。
（2024年1月現在）

WHAT
High School Quiz Battle 2023
公式問題集

2024年2月20日　第1刷発行

著　者	QuizKnock
発行者	森田浩章
発行所	株式会社講談社

〒112 - 8001
東京都文京区音羽2 - 12 - 21
電話　出版　03 - 5395 - 3510
　　　販売　03 - 5395 - 5817
　　　業務　03 - 5395 - 3615

 KODANSHA

本文データ制作	講談社デジタル製作
印刷所	株式会社KPSプロダクツ
製本所	大口製本印刷株式会社